大戦間期の
フランス・フラン

林　昭男 著

時潮社

はじめに

　「金本位制放棄後のフラン—1936〜1939—」を書いてから大戦間期のフランについて小著をまとめてみようと考えていたが、それに着手してから間もなく貨幣措置や金融政策および貨幣量に関する理論を考察してみたい気になって、その問題に関心が移ってしまい出版の計画は遠のいてしまった。貨幣措置と金融政策および貨幣量に関する問題について一応の結論に到達するのに20数年の歳月が過ぎてしまった。その後、大戦間期のフランについて論文を読み直してみてまとめる意味がないのではないかとも考えたが、長年にわたって研究対象であったことでもあり、思い直してまとめてみようという気になった。第一次世界大戦後から第二次世界大戦までの政治の動向と経済の推移のなかでフランがたどった流れを追ってみようと思い、前に書いた論文に加筆訂正を加えて出版することにした。

　大戦間期におけるフランスの政治は極めて不安定であった。下院では過半数を占める政党がなく連立によって政権が維持されたのであった。戦後ブロック・ナシオナル（国民団結）の時代にドイツからの賠償取り立てを前提に経済の再建が行われたのであったが、その前提が崩れてフラン危機を招き、ポアンカレによってフラン危機の克服政策が実施されたのであった。しかし、1924年5月の選挙でカルテル・ゴーシュ（左翼連合）に政権が移り、安易なインフレ政策によって再びフラン危機を招いたのであった。

　ポアンカレはユニオン・ナシオナル（国民連合）の強力な内閣を形成し、フラン危機を克服し、安定政策を実施して金本位制に復帰した。しかし、1928年4月の選挙で右翼的勢力が増大し、ユニオン・ナシオナルにも結び付きが弱まってくるが、その後1932年頃までは相対的に安定が保たれた。1932年5月の選挙で再び左翼が勝利をおさめ、その頃から政情が不安定に

なる。ドイツでは1933年にヒットラーが政権につきフランスでもファシズムの活動が活発になった。ファシズムと戦争に反対するフロンポピュレール（人民戦線）が形成され、1936年5月の選挙において人民戦線派が勝利をおさめ、人民戦線内閣の下で金本位制が放棄され、平価の切り下げが実施される。しかし、やがて人民戦線内閣にも亀裂が生じ、崩壊していくのであった。大戦間期の21年間に30以上の内閣が成立し、辞職に追い込まれたのであった。

辞職に追い込まれた原因は多くは財政問題に関する議会との対立であった。1919年から1939年までに執行予算額が黒字になったのは4年余りに過ぎなかった。したがって、議会において増税および経費の節約が議論されることが多く、予算が政治問題となって議会の承認を得られずに辞職に追い込まれるケースも多かった。

貨幣制度の観点から大戦間期を区分するならば、不換制度のもとでの戦後インフレーションの時期、フランの安定化が実施される時期、金本位制の時期および金本位制放棄後の時期になるであろう。

そこで、第1章においては、戦争による物的および人的な損害に対する補償や荒廃した国土の復興のために、ドイツからの賠償金の取り立てを前提とする安易な政策に基づき、その結果として大幅な財政赤字がとられたのであったが、ドイツからの賠償金の取り立てが不能になり、国家債務の増大の結果としてインフレーションが昂進して国庫が危機的状況になるまでを述べる。

第2章においては、フラン安定化政策の実施過程について説明する。安定準備期、事実上の安定および法律上の安定によって金本位制に復帰するのであるが、その過程における政府とフランス銀行との対応に焦点を合わせて叙述した。

第3章においては、金本位制の下でフランス経済は束の間の順調な発展を遂げるのであるが、やがてアメリカで勃発した大恐慌がヨーロッパに波

及し、まずドイツが金本位制を放棄して外国為替の管理を実施し、つぎにイギリスが金本位制を放棄し、アメリカ自身も平価切り下げを実施するなかで、フランスが金本位制を擁護するためにどのような対応をしたかを述べる。

第4章においては、人民戦線内閣によって金本位制が放棄されるのであるが、その放棄後において弾力フラン、浮動フランおよびポンド連携フランと変化していく過程を考察した。

以下、補論として第5章においては、第一次世界大戦によって被った損害を補償するために設立された金融機関クレディ・ナシオナルの初期の活動について述べる。

第6章においては、金本位制放棄後に外国為替相場の安定のために設立された外国為替安定資金とその後に国債相場の維持のために設立された国債支持基金とについて述べ、両者の関係について考察を加えた。

そして最後に、おわりにでは大戦間期のフランの研究から得られた若干の帰結を述べておくことにしよう。

この研究については、私が北海学園大学在職中に北海学園大学付属図書館の職員の方々には大変お世話になった。労をいとわず資料の収集にご協力いただいたことに深く感謝しなければならない。

前著に続いて出版をお引き受けいただいた時潮社代表取締役相良景行氏、本書の編集に関わっていただいた阿部進氏に心からの謝意を表したい。

最後に私事ながら、妻恒子には自分の仕事をもちながら常に私の健康に留意してくれ、これまで研究を続けることができたことに感謝の気持ちを伝えたい。

大戦間期のフランス・フラン　目次

はじめに ……………………………………………………………… 3

第1章　第一次世界大戦後のインフレーション …………………… 9
　第1節　戦後復興と賠償問題　11
　第2節　1923～1924年のフラン危機　22
　第3節　インフレーションの昂進　28

第2章　安定化政策の過程 …………………………………………… 45
　第1節　安定準備期　47
　第2節　事実上の安定期　59
　第3節　法律上の安定　70
　第4節　安定化の水準　74

第3章　金本位制と大不況 …………………………………………… 83
　第1節　金の流入と大恐慌　85
　第2節　金の流出とデフレーション　98
　第3節　人民戦線内閣と金本位制の放棄　109

第4章　金本位制放棄後の推移 ……………………………………… 121
　第1節　3国通貨協定と新貨幣法　123
　第2節　弾力フラン　130
　第3節　浮動フラン　137
　第4節　ポンド連携フラン　146

第5章　クレディ・ナシオナルの設立と初期の活動 ……………… 163
　第1節　戦災と賠償　166
　第2節　クレディ・ナシオナルの設立　169

第3節　賠償金の支払い　174
　第4節　貸付けの供与　178
　第5節　資金の調達　182

第6章　外国為替安定資金と国債支持基金 …………………… 193
　第1節　外国為替安定資金　195
　第2節　国債支持基金　203
　第3節　1938年5月17日の措置　211

おわりに ……………………………………………………………… 223
付　表 ………………………………………………………………… 229

第1章
第一次世界大戦後の インフレーション

第1章　第一次世界大戦後のインフレーション

　フランスにおいては第一次世界大戦後から1926年の安定政策に至るまで、1920年から1921年にかけて戦後恐慌の影響を受けて一時的には物価の下落やフラン相場の上昇があったけれども、全般的にみるならば、インフレーションの過程をたどったといえよう。この間の経済的推移のなかで、戦前に比して卸売物価は8倍に上昇し、フラン相場は9分の1に下落するという状態であり、激しいインフレーションが経験されたのであった。
　この過程は3つの期間に分けて考察することができるであろう。
　第一の期間はクレマンソーおよびブロック・ナシオナルの政権のもとで、ドイツから多額の賠償金取り立てを前提とした戦災補償と経済復興の過程であった。それに必要な資金の調達のために大幅な赤字財政が行われた。一時期にはフランス銀行への国家貸付金の返済によって通貨を収縮させようとするいわゆるデフレーション政策も行われたのであったが、その返済はすぐに減額されるようになり、財政の赤字も増加傾向になってやがて物価の上昇とフラン相場の下落が進行していくことになる。
　第二の期間は、ドイツ賠償金支払いの不能が明白になり、従来の政策における矛盾が顕在化して1923年から1924年にかけて勃発したフラン危機、ならびにポアンカレによるフラン危機の打開政策が一時的に実施された期間である。
　第三の期間は、カルテル・ゴーシュ政権のもとで資本の流出が続き、予算の均衡がなかなか達成されず、予算の赤字と既発行の公債償還が国庫の危機をますます深化させ、そしてインフレーションが昂進していく過程であった。

第1節　戦後復興と賠償問題

　第一次世界大戦後のフランスは、戦争による荒廃した国土、輸送難、食糧難という状況のなかで、買い占め、闇取り引き、収賄などが横行し、社

会のいたるところで無秩序が支配する状態であった。物価の上昇が激しかったので、生活費が高騰し、市民は極めて苦しい生活を強いられていた。そのために、1919年の初期には、賃金の引き上げ、物価手当および諸手当、さらには退職年金の改善などの要求を掲げて労働争議が頻発した。(1)このような社会的・経済的状態から戦後の復興が行われていくことになる。

　戦争中には、同盟国間で外国為替相場の維持のために金融協力を行う協定が結ばれていたので、フランスは、対外収支に不足をきたした時にはイギリスおよびアメリカから信用供与を受けることができた。(2)かくて、国内物価は戦争の間に3倍以上に上昇したにもかかわらず、外国為替相場はそれほどには下落しなかった。とくに連合軍の反撃が始まり、ドイツ軍の敗北が明らかになった1918年8月以降においては、外国為替相場は1ポンド＝26フラン台、1ドル＝5.4フラン台にほぼ落ち着きを取り戻していた。1919年1月から3月中頃にかけての間、月平均の相場が1ポンド＝25.97フラン、1ドル＝5.45フランに維持されていたので、フランは戦前の外国為替平価（1ポンド＝25.221フラン、1ドル＝5.182フラン）に比して、ポンドに対して3％、ドルに対して5％程度の減価に過ぎなかった。しかし、1919年3月13日を最後にイギリスはフランスに対する信用供与を中止する旨の通告を行い、かくて同年3月末には外国為替相場が1ポンド＝27.83フラン、1ドル＝6.07フランに下落した。また同年7月にはアメリカもイギリスと同様の措置をとり、外国為替相場は、1919年末にはポンドが41フランを上回り、ドルがほぼ11フランになり、1920年末には1ポンド＝60フラン、1ドル＝17フランにまでフランが下落した。(3)次に物価の推移を卸売物価指数（1914年7月＝100）にみれば、1919年1月に335であったが、同年12月には432、1920年4月には600にまで上昇した。

　イギリスおよびアメリカから受けた戦争中の信用供与によるフランスの対外債務は、戦争終了時において、対アメリカ債務が39.9億ドル、対イギリス債務が30.3億ドルであり、合計すると約70億ドルにも達していた。そ

第1章　第一次世界大戦後のインフレーション

表1-1　パリ市場の月平均ドル相場　　　　　　（フラン）

	1	2	3	4	5	6	7	8	9	10	11	12
1919	5.45	5.45	5.76	5.98	6.35	6.38	6.87	7.74	8.37	8.59	9.30	10.87
1920	11.74	14.28	14.04	16.24	14.64	12.62	12.31	14.00	14.81	15.33	16.69	16.90
1921	15.77	13.95	14.17	13.83	11.96	12.40	12.80	12.91	13.72	13.82	13.92	12.78
1922	12.25	11.47	11.11	10.81	10.97	11.46	12.13	12.59	13.06	13.58	14.62	13.84
1923	14.98	16.28	15.94	15.02	15.06	15.88	16.97	17.69	17.14	16.80	18.22	19.02
1924	21.43	22.65	21.69	16.37	17.35	19.10	19.57	18.36	18.85	19.11	18.96	18.52
1925	18.54	18.94	19.28	19.26	19.38	20.98	21.30	21.32	21.22	22.54	25.32	26.74
1926	26.51	27.23	27.95	29.56	31.92	34.12	40.95	35.42	35.05	34.15	29.12	25.33

出所：A.Sauvy, Histoire économique de la France entre les deux Guerres, t.1, p. 445.

表1-2　公債発行高　　　　　　（100万フラン）

年月末	永久債および有期債	浮動債	内債合計	外　債＊
1919.12	98,636	53,401	152,037	62,370
1921. 5	136,071	59,932	196,003	75,164
1922. 3	155,068	65,550	220,618	74,876
1922.12	160,878	65,607	226,485	117,037
1923.12	183,750	63,658	247,408	165,500
1924. 6	190,245	67,357	257,602	—
1925. 4	199,527	63,097	262,624	—
1925.10	199,252	59,114	258,366	136,000
1926. 3	203,807	57,185	260,992	196,000
1926.12	201,274	62,339	263,613	178,000

＊外債は外国為替相場により換算した額。
出所：A.Sauvy, op.cit., p.520.

れは1919年のフランス国民所得の7ヵ月分に相当する金額であった。また、1918年末における国内での国家債務は、フランス銀行に対する債務を含めてほぼ1,750億フランにもなり、戦前のそれが約330億フランであったから、戦前の5倍以上にもなっていた。その間に小売物価が2.5倍程度上昇しているのを考慮しても、それは2倍以上に当たる金額であった。(4)

このように、外国為替相場の下落、物価の上昇および国家債務の増大と

いう事態を見ても決して楽観すべき状況ではなかったが、戦後の復興は極めて安易な予想に基づいて実施されたのであった。戦争によって破壊された工業地帯や農村を復旧し、戦争犠牲者に対する人的および物的補償を行い、さらに戦争中の多額の債務に対する利子の支払い、償還をしていかなければならなかった。当然、戦後の復興には多額の財政資金が必要であった。1919年度予算案は、上院では厳しい財政状況に基づいて楽観論を戒める主張があったにもかかわらず、クレマンソー内閣の大蔵大臣クロッツはドイツの賠償金支払いを当てにする楽観主義に基づいて編成し、通常予算については1919年4月9日に可決されたが、特別予算については議会における長い討議を経て8月9日になってやっと成立した。通常支出と国債の元利支払い業務を削減し、通常予算では22億フランを超えるほどの黒字を出したが、特別予算では290億フランの赤字であった(5)。

さらに、1920年予度算案については、総選挙後に成立したミルラン内閣と下院との間で通常予算を均衡させる難問が6ヵ月にわたって討議された。大蔵大臣マルサルは、特別予算を60億フラン以下に圧縮し、通常予算の不足分を増税による新たな財源によって埋め合わせて100億フランほど減少させ、さらに、公債発行によって財源を調達し、後にドイツ賠償金支払いで補塡される「回収可能支出予算」を創設した。この1920年予算案は上院で80億フランの税収が追加され、同年7月31日に可決された(6)。また、戦争による物的損害の補償を予算から切り離すためにクレディ・ナシオナルという金融機関を設立し(7)、その債券発行によって資金を調達して補償金の支払い業務を行うことにした。このような措置かとられたのであるが、予算の総計では171億フランほどの赤字になった。

かくて、財政収支の赤字を補塡するために、政府は公債発行とフランス銀行の国家貸付金とに依存することになる。1918年末に1,055億フランであった国内債の発行残高は、1919年末には1,520億フランに達したので、この1年間に470億フランの増加が生じたことになり、さらに1920年中には

第1章　第一次世界大戦後のインフレーション

表1-3　予算収支　　　　　　　　　　（100万フラン）

	通常予算			特別ないし特殊予算＊			合　計		
	収　入	支　出	過不足	収　入	支　出	過不足	収　入	支　出	過不足
1919	13,282	11,029	2,253	—	28,941	−28,941	13,282	39,970	−26,688
1920	22,502	22,128	374	3	17,516	−17,513	22,505	39,644	−17,139
1921	23,119	23,290	−171	451	9,555	−9,104	23,570	32,845	−9,275
1922	23,888	26,761	−2,873	11,538	18,426	−6,888	35,426	45,187	−9,761
1923	26,224	25,651	573	263	12,642	−12,379	26,487	38,293	−11,806
1924	30,568	30,921	−353	4,821	11,589	−6,768	35,389	42,510	−7,121
1925	34,768	36,275	−1,507	—	—	—	34,768	36,275	−1,507
1926	43,064	41,976	1,088	—	—	—	43,064	41,976	1,088

＊特別予算については、1919、1920および1920年には軍事支出および例外的支出予算が入り、1920〜1924年には回収可能予算が入る。
出所：A.Sauvy, op.cit., p.513.

表1-4　フランス銀行の国家貸付金（月平均）（100万フラン）

	1919	1920	1921	1922	1923	1924	1925	1926
1	18,930	25,600	25,862	23,575	23,200	22,840	21,520	34,850
2	20,425	25,800	25,800	23,025	23,300	23,000	21,900	34,712
3	21,462	26,300	26,020	21,700	23,400	22,925	21,825	35,350
4	22,450	25,300	26,212	22,200	23,025	22,800	22,440	35,720
5	23,190	26,012	26,412	22,612	22,840	22,780	23,937	35,275
6	23,437	26,200	25,580	23,120	23,050	23,000	25,325	36,575
7	23,640	25,870	25,150	23,400	23,450	22,940	27,520	37,730
8	23,650	25,825	25,000	23,560	23,460	22,900	28,012	37,137
9	24,162	26,520	25,020	23,976	23,775	23,026	28,787	36,850
10	25,360	26,600	25,300	24,075	23,625	22,840	30,490	36,287
11	25,937	26,600	24,925	23,222	23,000	22,900	31,575	36,037
12	26,025	26,450	24,625	23,275	23,175	22,675	34,360	36,460

出所：1919〜1921年についてはStatistique général de la France, 1922. pp.252-4, から月平均を計算した。1922〜26年についてはLa France économique en 1924, R.É.P., 1925, p.274. La France économique en 1926, R.É.P., 1927, pp.368-9.

その増加が357億フランになった。また、フランス銀行の国家貸付金の最高限度額も拡大された。それは1919年2月13日の協定によって30億フラン引き上げられて240億フランとなり、同年4月24日の協定では270億フランにまで引き上げられた。それに対応して銀行券の最高発行限度額も引き上げられた。それは1919年2月25日の政令で360億フランへ、さらに同年7月17日の法によって400億フラン、そして1920年9月28日の政令で410億フランにまで引き上げられた。[8]

　このような政策のもとで、フランス銀行の国家貸付金は1918年末の171億フランから1919年末の255億フランへと増加し、銀行券発行高は1918年末における302億フランから1919年末の376億フランに上昇した。そしてこの両者の増大は1920年の過程を通じて続けられ、同年末にはそれぞれ266億フランおよび385億フランにまで増加したのであった。[9]

　ドイツの賠償金に期待をかける楽観的ムードのなかでインフレーション政策が続行されたのであったが、その間に予算収支を改善する対策が全く行われなかったわけではなかった。すでに述べたように、1919年の予算においては、財政問題を解決する方向では何らの対策も実施されなかったが、しかし1920年には6月25日の法において、所得税に関して非課税所得額および扶養控除額の引き上げと同時に税率の引き上げが実施されたし、また登録税、印紙税、関税の税率も引き上げられた。さらに、著しい税収が期待される取引高税が新設された。[10] 国庫収支の改善のためには60年満期公債と永久公債が発行され、[11] 長期公債化も行われた。またフランス銀行は、1914年8月20日に割引利率を5.0%、証券担保貸付利率を6.0%に決めてから、この利率を久しく維持してきたが、1920年4月8日に割引利率を6.0%へ、証券担保貸付利率を6.50%へ引き上げた。[12] この金利政策は当時の物価上昇と外国為替相場の下落に対応した措置と考えることができよう。しかし、これらの対策も事態の根本的な解決には極めてほど遠いものであった。

　さて、賠償問題に関しては、ヴェルサイユ講和条約では確定されず、そ

第1章　第一次世界大戦後のインフレーション

の決定は賠償委員会に委ねられたのであるが、しかしドイツの賠償額はフランスの意図に反してなかなか要求通りには決定されず、ブリアンはイギリスとの協調のために妥協せざるを得なかった。1921年1月にパリ会議、2月にはロンドン会議が開かれ、ドイツの抵抗と連合国の経済制裁を経て、4月27日になって賠償委員会は、ドイツの負うべき損害賠償額を1,320億金マルクと評価したことを明らかにした。そして、30日から開かれた第二次ロンドン会議において、連合国は20億金マルクの年賦金支払いおよび債務の消滅まで輸出金額の26％の控除をドイツに要求し、承認を迫り、その結果、ドイツは5月11日に至ってこの要求をやっと了承することになった。[13]

しかし、1921年6月以後のマルクの崩壊はドイツの賠償金支払いの約束を疑問視させるような状況になったが、賠償委員会はドイツの支払いが可能であると判断し、1921年12月2日、1922年1月15日にそれぞれ5億金マルク、さらに2月15日には2億7,500万金マルクの支払いを求めた。ラーテナウはロンドンに赴き、財政状態を説明して支払い猶予を求めた。そしてロイド・ジョージはドイツの要求を原則的に受け入れたのであった。フランス国内ではブリアンの協調路線に対する批判が高まり、ブリアン内閣は辞職に追い込まれ、第二次ポアンカレ内閣が成立することになる。[14]

当時の財政政策についてラシャペルは次のように指摘している。「ドイツが支払う金額を知る以前に戦争災害および軍人恩給に関する法を可決することは、疑いもなく誤りであった。しかも1921年5月5日の支払い状態が実行されたとしても、あるいは実行されえたとしても、我が国は年に13億金マルクを受け取ったにすぎない。その金額は特別会計赤字補填の借入に対する利子支払いに充てるに足る額である。ドイツの直接的な約束履行がもう当てにできなくなった時点から、財政方法を変えることが賢明であったということは正しい。ただちに単一予算を組むべきであった。その赤字はかなり多額になったであろうが、支出を削減し、また収入を増加し、漸進的に赤字を減少させるように努力すべきであった。人々が流布した幻

想の後では、遅滞なくこの健全財政政策を追求することが困難であったことも事実であった」[15]。かくて、1921年以降も依然として赤字財政が続けられた。その赤字額は1921年には92億フラン、1922年には97億フラン、そして1923年には118億フランであった。

また、貨幣の減価に対する対策について言えば、国家権力が平価切り下げを実施することによってフランを安定化させ、そしてフランス銀行の正貨準備金を再評価することによって国家貸付金を部分的にでも返還するか、あるいは同時にフランの価値回復と国家債務の返済との実行を試みるかに関する両者の選択であった。当時におけるフランス経済の状況を冷静に判断するならば、両者の政策のうちで前者を実行することが合理的であったが、しかし、その選択は戦勝国民にとっては喜ばれなかったのであろう[16]。したがって、現実には後者の政策がとられることになったのである。

フランス銀行の国家貸付金については、すでに1914年9月21日の協定によってできるだけ早く返済する原則がフランス銀行と政府との間で確認されていた。1919年4月、政府がフランス銀行に国家貸付金の増額を要求したときに、フランス銀行の理事会はこの協定を根拠にして政府の要求を拒否した。しかし、1919年4月24日の協定では、フランス銀行は予想される貸付金をその後に発行される公債の収入から返済するという約束を取り付けて妥協することとなった。けれども、この返済は国庫の事情で守られなかった。つぎに、1920年4月14日の協定によって、政府は1921年1月1日より毎年20億フランずつフランス銀行に債務を返済し、各年の12月31日には国家貸付金の限度額を同額ずつ減少させることを確約した。さらに、フランソワ・マルサル協定といわれる1920年12月29日協定が締結され、3つの約束が両者の間で取り交わされた。すなわち、270億フランと一時的に決められた国家貸付金限度額が1921年12月31日まで同額に維持されること、フランス銀行の国家貸付金の総額を250億フランに減ずるために必要な償還を政府が1922年1月1日以前に行うこと、ならびに政府が毎年20億フラ

第1章　第一次世界大戦後のインフレーション

ンずつ負債を償還し、年末には同額だけ貸付金限度額が引き下げられることであった。

　この協定に基づいて、政府は1921年12月にフランス銀行への債務償還を実行し、国家貸付金の限度額も250億フランに引き下げられた(17)。その返済資金は国庫資金および特別積立償還勘定残高に求められた(18)。その後、フランス銀行への国家貸付金は1922年1月から3月まで減少し、212億フランにまでになったが、それ以後は再び徐々に増加傾向をたどった。

　この政策の意図は、国家貸付金の返済を通じて流通貨幣量を収縮させ、フランの価値回復を図ることであり、それはいわゆるデフレーション政策であったのであろう。卸売物価は1920年4月の600から低下し、1921年には444になり、1922年3月には313にまで下落したが、4月以降上昇に転じている。この間の物価下落はデフレーション政策の効果というよりもむしろ1920年戦後恐慌の影響による下落傾向の延長線上にあった(19)といえよう。なおドル相場は1921年および1922年においてはほぼ11フランないし13フラン台の間で変動し、落ち着きを取り戻していた。銀行券発行高については、1921年11月から1922年9月まで360億フラン台、ないしそれを若干上回る水準に推移しているが、1921年12月と翌年1月および1922年12月と翌年1月の平均を比較するならば、国家貸付金の返済にもかかわらず両者とも翌年1月のほうが増加しているので、国家貸付金の返済と銀行券発行高との関連はあまり認められないようにもみえる。

　国庫の状態は、1921年にはいくらか緩和されてきた。経済活動の低下のもとで余剰になった民間資金が国庫に流入してきた。1920年4月に5％から6％に引き上げられていたフランス銀行の割引利率が1921年7月28日には0.5％引き下げられて5.5％になった。そして、中・長期債券の発行条件の改善、取引所における債券価格の上昇およびクレディ・ナシオナルへの資金流入などの現象は、利子率の下落傾向を示していると一般に理解された。1922年3月11日には、フランス銀行の割引利率はさらに0.5％引き下

げられて5.0%になった。経済活動の停滞の影響もあって民間の資金需要はそれほど大きくなく、国家の資金需要が大部分を占めていた当時の貨幣市場の状況からして、1922年3月12日には国防債券の金利が0.5%引き下げられた。しかし、その年の後半期には予期に反した状況がもたらされた。1922年を前半と後半に分けて公債の発行状況を比較してみれば、前半期が117億フランであったのに、後半期は74億フランとかなり減少をきたしている。そこで1922年の後半から国庫の逼迫がふたたび感じられるようになった。[20]

国庫の逼迫はフランス銀行の国家貸付金を増大させ、1922年10月初旬にはそれを245億フランにまで増加させた。このような状況のもとでは年末に行われるべき国家貸付金の返済を完全に実行することは、不可能であると判断された。政府はフランス銀行と協議し、1922年12月21日の協定に基づいてその返済額を半分の10億フランにまで減じてもらい、翌年の国家貸付金限度額が240億フランに決められることになった。[21] 同年12月末に10億フランの返済がフランス銀行に対して行われたのであったが、銀行券発行高は1923年に入ってもほぼ370億フラン台に維持されて減少しなかった。

ポアンカレは賠償金取り立てに関して強硬な姿勢をとったのであるが、ドイツの支払い不能という状況のもとでは事態の進展はなく、成果を上げることはできず、1922年8月末には賠償委員会はドイツに対して第二次モラトリアムを認めざるを得ない結果となった。フランスの生産担保政策もイギリスの同意を得ることができず、両国の意見の対立は明白になっていった。1923年1月2日に開かれたパリ会議においてドイツの賠償支払いに関するイギリスとフランスとの意見の対立が決定的となり、会議は決裂してしまった。11日にはドイツの賠償金支払い義務不履行を理由にしてフランスおよびベルギー軍によるルール占領が行われたが、それはフランス経済に不利な影響を与えたに過ぎなかった。占領費の増大による財政への圧迫、ドイツの消極的抵抗による賠償金の取り立ての減少、さらには国際的

第1章　第一次世界大戦後のインフレーション

孤立化を引き起こしたのであった。⁽²²⁾

　外国人のフランに対する投機が外国為替相場を下落させ、またそれが物価上昇の遠因とみなされた。外国人の投機操作が批判の対象として取り上げられ、日常的に新聞の記事になるようにもなっていた。2月には、パリの外国為替市場においてポンド相場が80フランを、ドル相場が17フランを超えることもあった。外国為替相場の下落が投機に帰せられる面もあるとしても、投機者がフランスの財政状態の悪化と絶えず公債発行に依存する借入政策とに不安を感じたからであり、そこに外国為替相場の下落する根本原因があった。そして、この借入政策はドイツから賠償金を取り立てることができる場合にのみ正当化されるものであった。⁽²³⁾

　ドイツからの賠償金の取り立てが思うようにいかないのであれば、財政状態を改善するためには支出の削減と増税が必要であった。1923年度の通常予算に関して、大蔵大臣ラステイリは税の徴収増加によって赤字額を15億フランにまで減少させ、その赤字部分を直接税および間接税に付加税を課し、印紙税と登録税に重付加税を課することによって補填することを提案したが、下院はこの提案を拒否した。したがって、赤字分は国庫債券の発行に頼らざるを得ないことになった。国庫は3月以降国防債券の利率を引き上げざるを得なくなった。その後、上院の財政委員会では、予算に関して支出を削減し税収を増加させる作業が熱心に進められた。その結果、同委員会は新たな節約を20億フランほど実現し、さらに最近の税収超過の状況を勘案し、税収を評価しなおして4億フランほど税収を増加させた。この操作によって予算の黒字額は9億フランになった。1923年度の通常予算案は6月末になってやっと議決されたのであった。しかし、「回収可能支出予算」案は切り離されて8月になって可決された。それは支出額が133億フランであり、収入額が1億フランにも満たない見積額であったので、予算全体としては120億フランを超える赤字であった。なお、1923年度予算が成立した時が1924年度の予算を検討し始めなければならない時期にな

っていたので、法の審議を促進するため、また選挙運動において激しい論争を引き起こさないために、次年度予算については前年度踏襲予算にすることが望ましいと判断され、議会でそれが可決された。[24]

ドイツは経済的危機の悪化および社会的混乱を避けるために譲歩せざるを得なくなり、9月にはシュトレーゼマンの要請によってルールにおける消極的抵抗は中止された。外国為替相場は暫時上昇したのであったが、それも束の間の出来事に過ぎなかった。期待に反してフランスとドイツの話し合いは進展しなかった。ポアンカレは、10月末になってイギリスおよびアメリカの圧力に譲歩せざるを得なくなり、ドイツの支払い能力を決定する任務を持った専門委員会の設置という提案を受諾した。[25]しかし、その後も物価の上昇と外国為替相場の下落は続いていた。1923年には公債発行額がほぼ200億フランも増加した。国庫の逼迫は深刻化し、公債の新規発行はますます困難となり、またその条件も悪化したのであった。[26]

第2節　1923〜1924年のフラン危機

1923年9月、フランス銀行の国家貸付金は239億フランに増加し、その最高限度額である240億フランまで1億フランを残すに過ぎなくなっていた。したがって、国家貸付金もこの限度額をやがて超過し、銀行券発行高の膨張とフランの減価が引き続いて起こるであろうと予想された。しかし、政府はその対策のために新規の国庫債券（利率6％、償還期限3、6および10年）を発行したので、その結果、国家貸付金の減少と銀行券発行高の収縮が生じた。前者は10月4日の239億フランから11月22日の229億フランへ減少し、後者は同期間に385億フランから371億フランへ低下した。しかしそれにもかかわらず、12月における国庫支払いの困難は緩和されなかった。この時にはさらに、フランス銀行との協定により国家貸付金の返済も行わなければならなかった。[27]

第1章　第一次世界大戦後のインフレーション

　政府は、国庫の危機に対処するために、12月末にフランス銀行と新たな協定を結び、返済額を引き下げさせて特別積立償還勘定に積み立てられている8億フランをそれに充てることにした。それによって国家貸付金の最高限度額は232億フランに引き下げられた。それと同時に、政府は秘密裏に国防債券5億フランの引き受けをフランス銀行に約束させたのであった。しかし、国庫の危機を回避するためにはそれだけでは十分ではなかった。さらに、国庫はアルジェリア銀行から2億フラン、民間の金融機関から7億フランを借り入れた。かくて、1923年末から1924年4月5日までに国庫は25億フラン以上の借入を行ったのである(28)。

　1923年中における物価の上昇率は卸売物価が26％、小売物価が18％程度であった。物価の高騰による生活費の上昇は公務員の手当金引き上げ要求となって表れ、10月にはパリの警察官のストライキも行われた。政府は給与および手当金の引き上げを提案せざるを得なくなった。この提案は左翼と右翼の双方から批判されることになる。また、フラン相場は同年中にドルに対して50％以上の減価であり、それが大衆をある種のパニック状態にし、貨幣から物へという殺到現象が生じた。企業者は手持ち資金を得るために保有債券を換金し、フランス資本は海外に逃避し、外国資本は本国に引き揚げていった。国庫の危機、生活費の高騰、フラン相場の下落が相互に作用しあい、それに外国人の投機が加わって社会を不安に陥れていた(29)。

　さて、1923年12月にはフラン相場が急激に下落し、同月6日に1ポンド＝80.87フラン、1ドル＝18.43フランであったが、27日には1ポンド＝85.17フラン、1ドル＝19.62フランにまで低落した。大蔵大臣ラステイリは国庫の危機を乗り切るためにクレディ・ナシオナル、つぎに国有鉄道の外債発行を考えてその交渉を試みたが、赤字予算のもとでは不可能なことを思い知らされた。1924年1月3日にはフラン相場が1ポンド＝87.29フラン、1ドル＝20.53フランまで下落し、大蔵大臣ラステイリは専門家会議を招集し、そこで緊急措置が決定されたのであった(30)。その措置は以下の通りで

23

あった。

1．投機を抑制するために、外国為替取引の管理を強化し、外国為替の購入に際しては商業会議所の許可を義務付ける。
2．つぎの措置によって「回収可能支出予算」の均衡を図る。
   a．政令法に基づいて行政の改革および簡素化を行い、10億フランの経費節約を実現する。
   b．無記名証券の利札の管理を強化する。
   c．すべての税に重付加税を課する。
   d．戦争年金の財政負担を軽減するために、年々一定金額が予算から繰り入れられる「戦争年金金庫」を創設する。

　この案は左翼からだけでなく、支出の節約と信頼の回復のために国家専売の廃止を求める金融界および右翼からも冷たくあしらわれた。[31]
　1924年に入ると、フランに対する不信と不安はますます大きくなった。フランの逃避が起こるとともに、フランに対する投機もまた盛んになった。1月3日には1ポンド＝87.29フラン、1ドル＝20.53フランであったが、1月11日には1ポンド＝89.32フラン、1ドル＝20.85フランになった。[32]
　フラン相場の下落は日に日に加速された。1月14日にはフランス銀行は割引利率を5％から5.5％に引き上げたが、同日の外国為替市場ではフラン相場が激しく下落し、外国為替相場は1ポンド＝96.11フラン、1ドル＝22.80フランにまで達した。外国為替恐慌の対策は遅滞なく行動に移さなければならなかった。1月17日、フランス銀行は再び割引利率を5.5％から6.0％へ引き上げ、証券担保貸付利率も6.5％から7％へ引き上げた。[33]また政府の提案した新たな財源と政令法を獲得する法案の審議が議会で行われていたが、下院における討議のなかでその法案に対案および修正案が提出され、なかなか可決されるまでには至らなかった。[34]その間に物価も急激

に上昇し、卸売物価は1924年2月には555にまでなった。2回にわたる金利政策にもかかわらず、銀行券発行高は1月から増加し、3月には400億フランほどにも達するようになった。下院において重付加税が可決され、外国為替相場は一時的に小康状態を保ったが、しかし、上院においてはこの法案に対してためらいと敵意を持っていたので説得の努力が必要であった。その後フランに対する投機はますます激しくなり、3月3日には1ポンド＝103.60フラン、1ドル＝24.07フランにまで下落し、3月8日にはついにパリ外国為替市場が閉鎖された。ニューヨークの外国為替市場における当日のフラン相場は1ドル＝28.74フラン、1ポンド＝122.58フランであった。[35]

　外国為替相場の下落に対する対策としては、以前からフランス銀行の金準備を使用して外国為替市場に介入し、相場の安定を回復させる方策が考えられたのであったが、フランス銀行はこのような操作に乗り出すことを時期尚早とためらっていた。そのような操作の実施が有効になるためには、国家信用の回復と心理的にショックになりうる政府のエネルギッシュな決定とが必要であると判断していた。3月8日、アメリカのモルガン商会はパリの代表者を通じて外国為替市場の介入に必要な資金の一部を提供する用意があると伝えてきた。ただし、提案されている増税案が上院で可決されること、そして賠償金の解決のために設置されたドーズ委員会の結論が直ちに承認されること、という条件付きであった。[36]

　フランに対する外国人投機家の攻撃が外国為替恐慌の発生に重大な影響を与えたのであったが、この事態は政府当局にとって深刻に受け止められた。大蔵大臣はフラン恐慌を解決する固い決意を持った。3月8日土曜日の夕方に大統領ミルランと総理大臣ポアンカレとの会談が行われ、翌9日の午前、大統領は総理大臣、大蔵大臣、フランス銀行総裁、副総裁および理事をエリゼー宮に招集し、異例の重大会議を開き、危機的事態の認識に立って対策を協議した。その結果、フランス銀行総裁の声明が発表された。

25

その声明はアメリカの3月13日の新聞に公表されたが、パリの新聞ではこの声明が詳細に報道されず、たんに要約された記事が掲載されるにとどまった[37]。フランス銀行総裁の声明は次の通りである。

「私は、政府と協議した後に、財政状態改善のために十分な対策が講ぜられることをあなた方に保証します。実際、政府は、上院（下院はすでに有効な投票を行っていた）が予算全体の均衡を実現する増税案に対して早急に決定を行い、また収入額に対応しないすべての新支出を削減する政策を議決すべきである、と強調するであろう。財政状態が著しく改善されない限り、浮動債の借り換えの場合を除き、政府は新たな信用に訴えることをしないであろう。また解放地域に対してさえも、その支出を通常予算収入によって確保することなしに、今後いかなる公債も発行しないであろう。フランス銀行は、政府のあらゆる努力に協力し続け、銀行自身でできる措置を独自に実施するであろう[38]。」

フランス銀行総裁の声明が出された後に、直ちに政府によってフラン危機に対処する施策がとられた。まず、国庫はラザール商会の仲介によりロンドン四大銀行から400万ポンド、またモルガン商会を通じてアメリカの銀行クループから1億ドルを借り入れ、それを外国為替資金としてフランス銀行に外国為替市場で直接介入を行わせた[39]。フランス銀行はその資金を使ってフランを買い、ポンドを売ってフラン投機に対抗し、そしてまた、フラン売りを行う資金調達手段として国庫証券を利用することを防止するために、国防債券担保貸付を拒否することにした[40]。

ついで政府は、予算を統合するために「回収可能支出予算」を廃止して単一予算方式をとることを決め、支出の削減と収入の増加を図ることになった。それらの施策は1924年3月22日の法[41]によって実行された。まず支出の削減については、1924年度中には少なくとも10億フランを下回らない支出の節約を行うことを確約した。つぎに、租税収入の増加のために、除外ないし特別規定のある場合は別として重付加税が課せられた。除外された

第1章　第一次世界大戦後のインフレーション

印紙税、登録税の税率は引き上げられ、タバコの価格、郵便料金、電報電話料金等の値上げが実施された。

　さらに、財政赤字の一原因であった国によるマッチの専売制を廃止し、マッチの民営化とマッチ税の徴収を実施し、また有価証券の利子、配当、所得およびその他の収入に関する脱税を防止するために、これらの支払いが明細書の作成に基づいて行われるように変更された。それに加えて、税の未納者や非申告者に対する罰則も強化された。

　なお、予算の均衡を容易にするために、戦争犠牲者に支払われていた年金を予算から切り離し、戦争年金金庫を創設し、この金庫が税を免除され、国庫保証のある債券を発行して年金支払い業務を行い、この年金支払い業務、発行された債券の償還および利子の支払いのためにこの金庫への繰入金が予算に計上されることになった。

　フランス銀行の外国為替市場操作によってフラン相場は上昇し、3月11日には1ポンド＝116フラン、1ドル＝27.20フラン、3月12日には1ポンド＝105フラン、1ドル＝24.70フランになった。(42)フラン相場の上昇は続き、3月17日には1ポンド＝88フラン、1ドル＝20.50フラン、19日には1ポンド＝84.50フラン、1ドル＝19.60フランになった。その後、政府による予算均衡の努力が実行に移されたので、3月24日には1ドル＝17.73フラン、1ポンド＝78.10フランにまで上昇した。フランス銀行は、そのころから借入資金の返済を準備するために、売られた外国為替を再購入する介入に限定したのであったが、3月31日における外国為替相場はドルが18.20フランであり、若干の下落に過ぎなかった。そしてさらに、4月4日にはポンドが74.87フラン、ドルが17.01～17.35フランとなり、4月23日にはドルが14.47フラン、ポンドが63.55フランにまでになった。(43)フランス銀行はイギリスからの借入資金を6月に返済したが、アメリカからの借入資金については慎重を期してその返済を3ヵ月ごとに12月まで延期し、その時に24年間の長期債で借り換えを行った。かくて、場合によってはいつでも外

国為替市場に介入できる手段が確保された(44)のであった。

　このように、ポアンカレは外国為替恐慌を打開することができた。激しい嵐の期間は過ぎ去ったように見えた。もちろん、真の意味における安定は、金に兌換される健全な通貨に基礎を置くことによって達成されるのであるが、フランの価値回復への傾向はもはや支配的となり、これまでに遭遇したような変動が再び生ずることは考えられなくなった。しかし、フランを新たな減価から守るためには、予算の均衡を達成する財政政策が何よりも肝要であり、このことはどんな人為的な手段を持ってもおぎなわれないのであった。フランス銀行の外国為替市場への介入がフラン価値の回復に大いに寄与したのも、予算の均衡を確保するためにとられた収税および節約の努力における全般的計画の一環であったからである(45)。

第3節　インフレーションの昂進

　ポアンカレによるフラン危機の対策が実を結び、外国為替相場の上昇と物価の下落が生じ、その当時の状況はフランに対する内外の信頼が回復し、国庫の信頼も次第に回復されてきた。3月末から5月末までの間、浮動債の引き受けがその償還額を15億フランほど超過していた(46)。しかし、1924年5月11日の総選挙においては、国民はブロック・ナシオナルを支持せず、政権はカルテル・ゴーシュに移った。そして政権の交代は事態の推移を変えたのであった。「新政権の公約は予算の不均衡と間違いなくドイツに有利な譲歩とを同時に意味した。……デフレーションは支出、負債およびインフレーションのより安易な政策のために放棄された(47)」のであった。

　若干の政治的経緯をへたのちにエリオが政権を担当することになったが、政策の転換は事態を憂慮する方向に進展させた。6月末にはフランス銀行の国家貸付金はその最高限度額を超過するのではないかという懸念が表明されたし、また7月以降、新たな公債発行の応募によって償還額を満たす

ことは極めて困難な状況になった。かくて、国庫収支は悪化の一途をたどった。銀行券発行高は国庫および流通界から生ずる二重の需要によって増加し、再び400億フランを超えた。フランス銀行は、この発行高の増加を阻止するために9月11日に証券担保貸付利率を7％から8％に引き上げた。⁽⁴⁸⁾大蔵大臣クレマンテルは、ドーズ案を承認するロンドン会議を終えて帰国すると、ただちに外国為替相場および国庫の状態を改善するために、1925年度予算案の均衡達成のために努力する。彼は決定された方針に基づいて「回収可能支出予算」を廃止し、単一予算案の作成に取り組んだ。その予算案は収入が328億5,600万フラン、支出が328億1,500万フランであり、計数上では若干の黒字が生ずるものであった。しかし、予算案の作成において収入の見積もりは過大に評価され、支出の見積もりは過小に評価されていたので、1925年度における予算執行上ではかなりの赤字が生じ、そのための借入額が必要になっていくことは予想されていた。さて、1924年10月、政府は必要な国庫資金を調達するために、フランス銀行の国家貸付金を引き揚げる方法に頼らず、民間の金融機関から9億5,200万フランに達する新規借り入れに依存したのであった。これは秘密を守り、大衆の不安を引き起こす危険に配慮したためであった。10月9日の銀行券発行高は408億4,800万フランになっていた。物価は上昇傾向をたどり、外国為替相場は1ドル＝19フランにまで達していた。このような状況のなかで、政府は年末には国庫収支の不足額を補塡しなければならず、またフランス銀行に対して国家貸付金の返済を行わなければならなかった。⁽⁴⁹⁾

　国庫収支の不足額を補塡するために、10年満期、名目金利5％、額面金額の150％で償還される実質的に高金利の国庫債券が発行された。総額49億1,200万フランの応募があった後に、「大蔵大臣は最も輝かしい成功を収めたと躊躇なく表明した⁽⁵⁰⁾」のであったが、しかし、実際には他方において国防債券と国庫債券が同額だけ減少したに過ぎなかった。したがって、国庫の逼迫は全く改善されず、公債の利子負担を増加させたに過ぎなかった。

フランス銀行への国家貸付金の返済については、フランス銀行は外国為替相場の安定やその他の観点から考えて、国庫が国家貸付金の返済を行い、その最高限度額を引き下げることが妥当であると判断していた。(51) かくて、政府はフランス銀行に12億フランの返済を行い、1925年における国家貸付金限度額を220億フランとする協定を結んだ。政府はその返済金の支払いのために特別積立償還勘定の使用可能な残高をまず充当し、その不足分についてはモルガン商会を通じて借り入れた資金の純収入から支払った。(52) したがって、その支払いは勘定のうえでのたんなる振替えに過ぎなかったのである。

　1924年12月11日、フランス銀行は割引率を6％から7％に引き上げたが、銀行券発行高の増加を抑制する効果的な影響を与えなかった。1925年の初めには銀行券発行高がその最高発行限度額410億フランを経常的に突破していたのであった。このような事態の下で、フランス銀行はやむをえず政府に対して銀行券最高発行限度額の引き上げを求め、その法案の提出を要求せざるを得なかった。しかし、エリオはこの法案の提出を4月まで1週間ずつ引き伸ばしていた。エリオとクレマンテルとの間には国家貸付金限度額引き上げに関して意見の対立があった。この限度額の引き上げに反対するクレマンテルは4月3日に辞任し、デ・モンジが大蔵大臣に就任した。政府が国家貸付金の上限引き上げに関してフランス銀行と協定を結び、議会から銀行券発行限度額を450億フランに、国家貸付金限度額を260億フランに引き上げる承認を受けたのは4月16日の法によってであった。同日におけるフランス銀行の計数によれば、銀行券発行高は429億5,900万フラン、また国家貸付金は223億5,000万フランであった。(53)

　さて、下院における1925年予算案の審議過程においては無秩序な討議が行われ、予算額がかなり膨張した。そして審議の場は上院に移った。資本課税の噂が広まり、上院議員のなかにも強制公債案に賛成を表明するものも多く出た。クレマンテルはこの噂を否定したのであるが、先に述べたエ

第 1 章　第一次世界大戦後のインフレーション

リオとの対立の表面化が資本課税の暗示と受け取られた。代わって大蔵大臣になったデ・モンジは自発的な最少10％の資本課税によって国内債券の償還および買い戻しを行い、財政を健全化しようとした。しかし、上院はエリオ内閣に信任を与えなかったので、内閣は辞任に追い込まれた。次に成立した第二次パンルヴェ内閣において大蔵大臣の職はカイヨーが担うことになった。4月7日の協定による国家貸付金上限の引き上げの40億フランは国家の未払金の清算および秘密借入金の返済に充てられ、すぐに使い尽くされてしまった。彼の就任2ヵ月後には使用可能な財政資金は3億5,000万フランに過ぎなくなっていた(54)。

1925年6月には、卸物価指数は533に上昇し、外国為替相場は1ドル＝20フランを超える状況であった。国庫にとって重大な問題は7月1日、9月25日および12月8日に償還期限になるクレディ・ナショナル債券と6％国庫債券に対応することであった。カイヨーはこの国庫の危機を乗り切るためにフランス銀行の国家貸付金に依存せざるを得ないと判断し、その最高限度額の引き上げを議会に要請すると同時に、増税案と外国為替保証付き4％永久公債の発行を提案した。しかし、増税案だけは議会の承認を受けることができなかった(55)。6月27日には国家貸付金の限度額が320億フランに引き上げられ、それと同時に銀行券の最高発行限度額も510億フランにまで高められた(56)。そして、1925年度予算案は両院間の相違が調整されて7月13日に可決成立する運びになった。外国為替保証付き4％永久公債の発行は7月20日に開始され、9月5日に終了する予定であった。けれども、その期間はまず9月30日まで延期され、さらに10月20日まで再延期されざるをえなかった(57)。

永久公債の発行に関するこの間の成果についてラシャペルの述べるところによれば、「浮動債の長期借り換えを企図することは、無理であったし、またあらゆる宣伝努力にもかかわらず、部分的な継続的長期借り換えを実現しえたに過ぎなかった。我々の考えによれば、そして諸条件を考慮する

ならば、4％永久公債による借り入れの実現は名誉ある成功であった。その応募は59億3,400万フランに達し、そのうち49億9,400万フランが国防債券で支払われ、残高は6％国庫債券の転換からなされた」のである。
(58)

　1925年6月から9月までは外国為替相場と物価は比較的安定していたし、国庫の状態もそれほど悪化しなかった。通常国庫債券に関しては、その応募額が償還額を上回っていたし、国防債券についても9月には同様であった。けれども10月に入ると、外国為替相場の下落と物価の上昇が起こり、国庫収支もまた困難になった。カイヨーは10月16日に開かれた急進社会党大会に財政再建案を用意したが、それをエリオによって反対され、また同月26日に閣議にかけた財政再建案も否決された。そして翌日、パンルヴェ内閣は総辞職した。第三次パンルヴェ内閣の成立後、彼はボネと協力して新しい財政再建案を用意したが、それも11月7日の下院財政委員会で否決された。その後さらに、別の財政再建案が提出されて下院で討議されたけれども、それに関しても見解の相違があり、妥協的な財政上の措置を探しているうちに、外国為替相場の下落と物価の上昇が激しくなった。卸売物価指数は10月の534から11月には619となり、ポンドの月平均相場は10月の109.20フランから11月の122.64フランにまでなった。国庫収支の不足額は10億フランにも達し、11月以降、フランス銀行の国家貸付金はその限度額320億フランを超過したが、議会はこの限度額を15億フラン引き上げる提案に賛成しなかった。翌々日、パンルヴェ内閣は瓦解した。ついで第八次ブリアン内閣が成立し、大蔵大臣にはルーシュールが就任した。
(59)

　人々は当時の財政状態から判断して強制的長期借り換えが実施されるのではないかと脅威を感じていた。12月にはポンド相場が129.90フランにまでなった。債券の保有者はフランス債券の償還を求め、外国証券を購入しようとしていたし、また輸出業者は資本を外国の銀行にそのまま預けっぱなしにしていた。フランの暴落が近く起こるであろうと推測され、フランからの逃避が進められていた。ルーシュールはまず、国庫の必要不可欠な

第1章　第一次世界大戦後のインフレーション

財源を確保するために一時的、かつ例外的な措置として1925年12月4日に法案を議会に提出し、議決を得ることができた。それによって所得税および有価証券譲渡税に20～50％の付加税を課することが可能になり、さらにフランス銀行の国家貸付金の限度額および銀行券最高発行額の引き上げを同行と交渉する権限が与えられた。その結果、国家貸付金の限度額は60億フラン引き上げられ、銀行券の最高発行限度額は585億フランに引き上げられた。(60) さらに数日後、ルーシュールは予算の均衡を達成するために必要な法案を議会に提出した。その法案は所得税の再編、いくつかの増税、さらに新たな財源の確保によって直接税および間接税にわたる80億フランの追加負担を求め、独立の償還金庫の創設によって公債償還を行わせることにし、また脱税および資本逃避の抑制、記名証券制度および指図証券の創造による補完を含んでいた。しかし、下院財政委員会は急ぎ過ぎの思いつき的な租税法案に感情を害してこの法案の一部を否定し、彼は12月15日に辞任に追い込まれた。つぎにドゥーメルが大蔵大臣に就任することになった。(61)

　1925年の過程を全般的にみるならば、すべての人々の意見は、国庫の要求を満たすためにもはやインフレーションに頼るべきでないことで一致していたが、実際にインフレーションを克服する具体的方法については、政府内部でも、議会においても、意見の一致を見ることが困難であり、しばしば議論しあい、対立しあっていた。その過程のなかで、大蔵大臣はクレマンテル、デ・モンジ、カイヨー、パンルヴェ、ボネ、ルーシュールおよびドゥーメルと7人もつぎつぎと代わったのであった。しかしながら、予算の均衡を達成する諸計画は実現されなかった。(62)

　ドゥーメルは、1926年度予算案の作成にあたって、不足する財源を45億フランと推定し、そのうえでフランス銀行への国家貸付金の返済20億フランと独立償還金庫への繰入金25億フランを追加支出し、2億フランの節約を実行することにした。かくて、88億フランの財源が不足することになる

33

が、この財源は1925年12月4日の法に基づく1926年度における所得税の増収分30億フラン、徴税管理の強化による3億フラン、タバコ価格の引き上げによる10億フラン、証券取引税による1億フラン、輸出税による6億フラン、さらに一時的な特別支払税による38億フランに求められていた。下院の審議過程においては、国家債務の償還が延期され、すべての課税が拒否され、節約5億フランと徴税管理の強化3億フランを含めて新たな16億フランの財源が認められたに過ぎなかった。したがって、27億7,000万フランが不足することになる。そこで、彼はその不足分を上院で復活すべく要求し、好意的な審議が行われた結果、所得税制および脱税に対する措置に関する規定は若干の変更にとどめられ、間接税が復活され、国家債務の償還に関する対案が示された。この上院案は下院に回付されて審議されたが、その過程で政府は特別支払税の存続をかけた信任投票に敗れ、ブリアン内閣は総辞職に追い込まれた。[63]

第九次ブリアン内閣の大蔵大臣にはペレが任命された。新大蔵大臣は緊急の課題として1926年度予算を成立させなければならなかった。彼は下院および上院との間で合意に達している規定を考慮に入れ、減少した赤字分を補塡する追加の租税措置を取引高税の1.3％から2％への引き上げと人頭税に求め、それを下院に提案した。しかし、取引高税の引き上げには財政委員会の激しい抵抗があった。そこで彼は2％の適用範囲を卸売商に限定し、卸小売商および小売商には従来通り1.3％とし、またその適用期間を短縮し、そのために不足する財源を生産税の税率改定、不動産および営業権の譲渡税の引き上げ、ならびに印紙税の引き上げに求める修正提案を行った。なお人頭税は下院財政委員会において公民税の名称で所得税に対する一種の追加払いに変更された。かくて、両院におけるこれまでの審議の結果は、「現行税の調整と改革および新たな財源の創造のための法」として4月4日に議決され、そして4月29日には財政法が可決成立した。1926年度予算案は収入が374億9,800万フラン、支出が373億3,800万フランとな

第1章　第一次世界大戦後のインフレーション

り、1億6,000万フランの黒字であった。⁽⁶⁴⁾

　さて、物価の上昇と外国為替相場の下落が進行するなかで、ペレはつぎに必要な国庫資金の確保に対処しなければならなかった。5月20日には1923年発行の国庫債券31億6,000万フランの償還が必要であった。その償還はフランス銀行の新たな貸付8億フラン、国防債券への借り換えによる10億1,100万フランおよびフランス銀行の国庫当座預金残高13億4,900万フランで対応することになったが、その預金残高も翌週には大部分引き出されてしまった。したがって、償還額のうち償還せずに済んだのは国防債へ借り換えられた32％に過ぎず、その他の償還は借り入れに依存せざるを得なくなった。さらにまた、6月には6％国庫債券の利子支払いが行われることになるので、国庫支出を満たすためには23億フランが必要であった。⁽⁶⁵⁾かくて、国庫の逼迫、銀行券発行高の増大は外国為替相場をますます下落させる結果となったのであった。⁽⁶⁶⁾

　国庫の危機を乗り切るために、またフランの減価を阻止するために、⁽⁶⁷⁾5月後半に政府はモルガン商会からの借款に基づく純収入8,900万ドルのうち5,600万ドルを用いて外国為替市場に介入を試みた。しかし、当時の経済状況、つまり不確実な予算の均衡、輸入超過とフランの逃避による国際収支の赤字はこのような操作にとって不利であった。フランに対する大衆の不信はあまりにも根深いものがあったので、外国為替市場における単なる技術操作だけではその不信の念を払拭させることはできなかった。ポンドは5月19日には171フランであったが、この操作の効果は5月の最後の週に一時的に表れたに過ぎなかった。ペレは5月31日に専門委員会を設置し、財政再建を実現するために適切な方策について勧告を求めた。6月2日にはポンドが148.20フランであったが、委員会の検討が進行する間に外国為替相場は再び下落し始めた。6月12日、ペレは落胆して辞意を表明した。外国為替市場への介入は失敗に帰し、公的なドル売り操作を中止した6月18日にはポンドが175フランにまで達し、5,600万ドルの外国為替資金

35

は使い尽くされたのであった。

　6月23日、第十次ブリアン内閣の成立に伴い、カイヨーが大蔵大臣に任命され、7月3日には専門委員会の報告書が提出された。その要旨を以下に述べておこう。専門委員会は対策として財政の均衡、国庫の均衡およびフランの安定を一体的に行うことを勧告した。予算の均衡を達成するためには、予算は年度の始まる以前に議決されること、財政問題に関しては大蔵大臣に優越権を与えることおよび支出に関する議会の提案権を一時的に放棄させることを勧め、そして新たな予算努力を求めている。公債の長期公債化および償還等の操作を行い、財政再建と貨幣の復興の条件を整えるためには新たな財源が必要であり、その額は1926年度後半には25億フラン、1927年度には50億フランが必要である。それに加えて、公的支出の削減が必要であり、行政の近代化と簡素化による行政改革を断行し、経費の節約が実現されなければならない。財源確保のための税負担については、あまり効果のない利札明細書、利札手帳および非居住国有価証券非課税申告の制度を廃止し、直接税と相続税の減税、間接税の増税、すなわち、関税、取引高税、運輸税、飲料税等の改定によって財源を求めるべきであるとしている。

　国庫の均衡については、フランス銀行の国家貸付金の固定、浮動債発行額の制限、その償還と長期公債化を保証する適切な解決を求める。国防債券および通常国庫債券については、これを国庫から分離し、預金供託金庫によって管理される国防債券管理金庫へ移管して支払い保証業務を行ってもらう。国庫およびクレディ・ナシオナルの短期債券は安定化された貨幣をもって更新および長期公債化するのに困難はないとし、フランス銀行の国家貸付金に関しては、このかなりの部分は正貨準備金の再評価益によって消滅させることができるので、この貸付金を減少させるための償却資金へは利子部分だけを予算から充当すれば十分であると考えている。なお、国庫にゆとりを持たせるために外国における最初の金融取引のなかから30

第1章　第一次世界大戦後のインフレーション

億フランを新たに国の貸付勘定貸方に記帳することを求めている。

　貨幣の安定化を実施する手順については、その時期、水準および手段は委員会の勧めた政策が実施される時期であり、その水準は今から決めることはできないが、その選択は生計費指数に基づくフラン相場と外国為替市場で取り引きされる実際のフラン相場との間で決められるべきであろう。ただし、現在よりも有利なフラン相場が選択されることが望ましい。使用する手段に関しては、フランス銀行の金属準備を使用することには反対が起こるので外国の協力によって獲得しなければならない。すなわち、1. フランス政府によってすでに獲得済みのおよびこれから獲得される長期借款、2. フランス銀行によって獲得されるべき信用および3. 私的信用と商業信用である。最初の操作のために1. と2. で2億フランほど取得することが必要である。そのためにワシントン協定の批准と債務に関するイギリスとの決定的な取り決め交渉が不可欠である。

　フラン安定化の操作は3つの期間に分けて実施し、それぞれの期間に行われるべき措置が示されている。

　a. 安定準備期。前もって決められた相場の近くを変動する期間で、ここでは、1. フランス銀行の国家貸付金の最高限度額が現在の水準に決定的に止められる。2. この結果として銀行券発行額を硬直的な最高限度額に固定する理由がなくなる。3. 正貨準備金の補強のために国内の金銀貨幣を外国為替相場に近い相場で購入する。

　b. 事実上の安定期。決められた外国為替相場を維持する期間で、ここでは資本の流通に完全な自由を与えることが望ましい。

　c. 法による安定期。前の事実上の安定状態を法によって定め、確認するときから始まる。事実上の安定が達成されているならば、法による安定への移行は容易であろう。新たな貨幣単位を規定するために、再評価された正貨準備益に基づいてフランス銀行の国家貸付金を決済するために、フランス銀行によって負担されていた外国為替相場の維持を法的義務に転化

し、事実上の安定期に達成された状態を承認するために、それぞれの法が定められる。

　強力なブリアン-カイヨー新内閣が成立し、委員会報告が公表されたけれども、6月30日に1ポンド＝173.25フランであった外国為替相場は、7月に入って下落し始め、1日には179.50フラン、7日には181.50フランへ、さらに12日には194.70フランとなり、また国庫の状態は危機的様相を呈しており、悪化の一途をたどっていた。(70)15日には外国為替相場は1ポンド＝197.10フラン、1ドル＝40.58フランにまでになり、翌日カイヨーは彼の財政案を発表した。その内容は、総合所得税の最高税率の引き下げ、分類所得税の引き上げ、取引高税の2％への統一、専売品価格、運賃および電信電話料金の引き上げ、関税率および輸入制限の全般的な改定、公務員給与の改定、長期公債化と国防債、国債およびクレディ・ナシオナル債の随時転換、フランス銀行国家貸付金の返済、そして貨幣安定のためにフランス銀行総裁との協定締結であった。それとともに彼は11月30日までの全権委任を要求した。この提案は専門委員会案に基づいたものであったが、両者の間には相違もあった。必要な財源確保について専門家委員会案は75億フランを必要としたが、カイヨー案は30億フランで十分であると判断した。節約に関しては両者とも同意見であるが、カイヨーは支出増加になる公務員の俸給引き上げを認めていた。また、専門委員会はワシントン協定の批准と早急にイギリスとの債務の決定的な取り決めを結ぶことを求めていたが、カイヨーはこの勧告に縛られない考えであり、外国からの長期借款ではなく、信用の開設で対応する考えであった。さらに、専門委員会は財政問題に関して大蔵大臣に優越権を与えることになっていたが、カイヨーは全権委任を要求した。ワシントン協定に対する反対の世論もあったので、この提案は下院財政委員会では承認されたけれども、17日の下院本会議では否決されてしまった。(71)

　かくて、ブリアン-カイヨー内閣は退陣し、7月20日に第二次エリオ内

第1章　第一次世界大戦後のインフレーション

閣が成立することになる。しかし、国防債券の償還要求ならびに貯蓄金庫の貯金引き出しは急激に増加し、パニックは取引所に広まった。当日の外国為替相場は1ポンド＝240.25フラン、1ドル＝49.22フランとなり、フランス銀行国家貸付金の借入可能額は2億3,900万フランしかなくなっていた。それは翌朝には6,000万フランを残すだけになった。政府はもはやインフレーション政策に訴えようとはしなかった。フランス銀行総裁モローは事態の重大性を考慮し、モルガン商会からの借款残高をフランス銀行に譲るように要求した。大衆の怒りと不安のなかでエリオ内閣は数日で崩壊したのであった。[72]

　第一次世界大戦後のフランスにおいては、インフレーションの根本原因は多額のドイツ賠償金の取り立てを自明の前提として、大幅の赤字財政によって戦災保証と経済再建の政策が行われたことにあった。その結果、公債発行額とフランス銀行の国家貸付金との累積が生じたのであった。ドイツ賠償金の取り立てが期待に反し、節約と増税による予算の均衡が実現不可能な状況においては、国庫収支の逼迫がさらにインフレーション政策に拍車をかけることは当然であった。
　インフレーションの過程における貨幣対策について言えば、金利政策、デフレーション政策および外国為替市場への介入政策が実施されている。金利政策としては、割引政策と証券担保貸付利率が数回引き上げられたが、ダレスの指摘しているように[73]インフレーション対策としてはあまり効果がなかった。つぎに、デフレーション政策については、フランス銀行の国家貸付金に対する返済が行われたけれども、国庫の状況によって返済額は変動し、その返済も勘定の振り替えであったり、国庫資金が一時的にあてられたに過ぎなかった。財政収支の黒字によって流通過程から貨幣を引き揚げるというデフレーション政策ではなかった。最後に、外国為替市場への介入政策については、1924年には成功したが、1926年には失敗に帰してし

まった。同一の技術操作であっても、その結果が全く反対になったことを考えるならば、政策が実施される政治経済的条件がその成敗にとっていかに大切かを示しているといえよう。

【注】

（1）É.Bonnefous, Histoire politique de la troisième Répulique, t.3, Presse universitaire de la France, 1968, p.26 et pp.29-30.
（2）R.Sédillot, Le Franc, Recueil Sirey, 1953, pp.242-3. なお、金融上の協力は、イギリスとの間では1915年4月30日の協定、8月13日の協定および8月29日のブーローニュ会議によって行われ、アメリカとの間では1917年4月24日にアメリカ議会が信用を与える国庫の権限を可決し、実施された。詳しくはE.L.Dulles, The French Franc, 1929, The Macmillan Company, pp.98-103.（矢野庄太郎訳、『仏蘭西インフレの全貌』森山書店、1933, 97-104ページ）を参照されたい。
（3）R.Sédllot, op.cit., p.246 et pp.248-9.
（4）A.Sauvy, Histoire économique de la France entre deux Guerres, t.1, Fayard, pp.169-70, et pp.364-5.
（5）É.Bonnefous, op.cit., p.25.
（6）É.Bonnefous, op.cit., pp.125-6.
（7）この金融機関に関して第5章で述べる。
（8）R.Sédillot, op.cit., p.235 et p.253.
（9）R.Sédillot, op.cit., p.237 et p.256.
（10）Le Commentaire de M.Robinot sur la loi du 25 juin 1920, Dalloz, Recueil Critique de Jurisprudence et de Législation, Quatrième Partie（以下R.C.J.L.と略記する）, 1920, pp.283-4.
（11）A.Sauvy, op.cit., p.521.
（12）L'Assemblée générale des Actionnaire de la Banque de France, Journal des Économistes（以下J.É.と略記する）, février 1921, p.226.
（13）É.Bonnefous, op.cit., pp.235-6.

第1章　第一次世界大戦後のインフレーション

(14) É.Bonnefous, op.cit., p.274 et p.282.
(15) La France économique en 1923, Revue d'Économie Politique（以下 R.É.P.と略記する）, 1924, p.153.
(16) R.Sédillot, op.cit., p.251.
(17) R.Sédillot, op.cit., pp.254-6.
(18) この国庫資金はクレディ・ナシオナル債券および国防債券の発行収入であった（La France économique en 1922, R.É.P. 1923, p.150）。なお、特別積立償還勘定については、十亀盛次『仏蘭西の貨幣銀行制度と金融市場』一元社、1937、34ページを参照されたい。
(19) 酒井一夫「インフレ・デフレの非対称性」金融経済、61号、5ページ。
(20) La France économique en 1922, R.É.P. 1923, pp.147-8 et p.151.
(21) op.cit., p.150.
(22) 横山信『フランス政治史』福村叢書、1968、152ページ。
(23) É.Bonnefous, op.cit., pp.360-1.
(24) É.Bonnefous, op.cit., pp.361-3.
(25) É.Bonnefous, op.cit., pp.357-8 et p.388.
(26) P.Frayssinet, Politique Monétaire de la France（1924-1928）, Les Édition Domat–Montchrestienn, 1928, pp.14-5.
(27) La France économque en 1924, R.É.P., 1925, pp.207-8.
(28) op.cit., pp.210-1. なお、借り入れた民間金融機関名および金額については、P.Frayssinet, op.cit., p.17を参照されたい。
(29) La France économique en 1923, pp.193-4. É.Bonnefous, op.cit., pp.398-9.
(30) Chronique de L'Inflation, J.É., janvier, 1924, p.43. É.Bonnefous, op.cit., p.400.
(31) La France économique en 1923, R.É.P., 1924, pp.193-4. É.Bonnefous, op.cit., p.400.
(32) Chronique de L'Inflation, J.É., janvier 1924, p.43.
(33) La France économique en 1924, R.É.P., 1925, p.275. É.Bonnefous, op.cit., p.400.

(34) É.Bonnefous, op.cit., p.406. La France économique en 1923, R.É.P., 1924, p.192.
(35) É.Bonnefous, op.cit., p.407-8. Sédillot, op.cit., p.257. La France économique en 1923, R.É.P., 1924, p.192.
(36) É.Bonnefous, op.cit., p.407.
(37) La France économique en 1923, R.É.P. 1924, pp.159-60.
(38) op.cit., p.160.
(39) R.Sédillot, op.cit., p.259.
(40) J.H.Rogers, The Process of Inflation in France, 1914-1927, Columbia Unversity Press, 1929, p.44.（大原社会問題研究所訳『インフレーションの統計的研究』栗田書店、1940年、64ページ。）
(41) Loi ayant pour objet la réalization d'économie, la création de nouvelles ressources fiscales et divers mesures d'ordres financier, Journal Officiel de la République Française（以下Jour. Off.と略記する）, 23 mars 1924, pp.2754-63.
(42) R.Sédillot, op.cit., p.259.
(43) P.Frayssinet, op.cit., p.32. R.Sédillot, op.cit., p.259.
(44) La France économique en 1924, R.É.P., 1925, p.278.
(45) op.cit., pp.195-6.
(46) op.cit., p.211.
(47) R.Sédillot, op.cit., p.260.
(48) La France économique en 1924, R.É.P., 1925, p.271 et p.275.
(49) op.cit., pp.214-5. É.Bonnefous, op.cit., t.4, 1973, p.73.
(50) La France économique en 1924, pp.215-6.
(51) op.cit., p.216.
(52) op.cit., p.273.
(53) op.cit., p.219. É.Bonnefous, op.cit., p.74.
(54) É.Bonnefous, op.cit., p.78 et p.89.
(55) La France économique en 1925, R.É.P., 1926, p.236 et p.239.
(56) R.Sédillot, op.cit., p.261.

(57) É.Bonnefous. op.cit., p.91. La France économique en 1925, R.É.P., 1926, p.240.
(58) op.cit., p.241.
(59) op.cit., p.242 et 244.
(60) E.Bessen, Le Commentaire sur la Loi du 4 décembre 1925, R.C.J.L., 1926, 1er Cahier, 4e partie p.1. La France économique en 1925, R.É.P., 1926, op.cit., p.244.
(61) P.Closset, Le Commentaire sur la Loi du 4 avril 1926, R.C.J.L., 1926, 6e Cahier, 4e Partie, p.146. É.Bonnefous, op.cit., p.104.
(62) La France économique en 1925, R.É.P., 1926,. p.236.
(63) É.Bonnefous, op.cit., pp.107-8, p.116 et p.123. P.Frayssinet, op.cit., pp.74-5.
(64) P.Closset, op.cit., pp.147-8. P.Frayssinet, op.cit., p.75.
(65) P.Frayssinet, op.cit., p.77.
(66) La France économique en 1926, R.É.P.,1927, p.373.
(67) フレシネは下院におけるカイヨーの演説(1926年7月6日)を根拠にして次のように述べている。「市場で売られたドルの対価が国庫にとって支払い分を完済するように役立つことは確実である。しかし、当時国庫がこの財源を当てにしかねないほどであった国庫の逼迫が、大蔵大臣に貨幣的防衛のできなかった操作を企てる決心をさせたのかもしれない。」(P.Frayssinet, op.cit., p.77.)
(68) La France économique en 1926, R.É.P., 1927, pp.292-3 et p.373. É. Bonnefous, op.cit., p.143.
(69) Le Rapport du Comité des Experts, Bulletin de Statistique et de Législation comparée du Ministére de Finances, juin 1926, pp.1065-96. Yves-Guyot, Le Rapport du Comité d'Experts, J.É., juillet 1926, pp.63-82.
(70) La France économique en 1926, R.É.P. 1927, p.294.
(71) É.Bonnefous, op.cit., p.149, pp.155-6 et p.158. Yves-Guyot, Project du Comité des Experts et M.Caillaux, J.É. septembre 1926, p.75-6.

(72) R.Sédillot, op.cit., pp.266-8.
(73) E.L.Dulles, op.cit., pp.221-2.（邦訳、228ページ。）

第2章
安定化政策の過程

第 2 章　安定化政策の過程

　外国為替相場の急激な下落、物価の激しい上昇、国庫の危機的な症状のなかで、ポアンカレが政権を担い、強力な内閣の下でフランス銀行総裁モローと対応しながら、大筋ではほぼ専門家委員会報告に基づいてフランの安定化政策を実施していくことになる。
　専門家委員会報告においては、最終的にフランの安定を達成するまでに3つの期間、すなわち安定準備期と事実上の安定期を経て、最後に法律上の安定が達成され、金本位制に復帰することになっていた。ポアンカレの実施した安定化政策が3つの時期にどのような措置がとられ、それに伴い財政、金融および経済状況がどのように変わり、そして法律上の安定によって金本位制に復帰することができたかを考察し、最後に、フランの安定水準に関して若干コメントを加えておくことにしよう。

第 1 節　安定準備期

　大統領ドゥーメルグがポアンカレを呼び、組閣を要請したというニュースは、世論を安堵させ信頼を回復させるのに十分であった。彼はユニオン・ナシオナル（国民連合）の内閣を構成しようとした。しかし、社会党のボンクールの協力を得ることができず、完全な意味での「国民連合」内閣ではなかったが、社会党および共産党を除く右翼と中道の諸政党を結集する強力な内閣が形成された。そのメンバーのなかには6名の元首相が含まれ、彼自身が大蔵大臣としてフランの安定化政策を担うことになった。組閣の行われた7月23日の外国為替相場は1ポンド＝208フランであったが、翌24日には1ポンド＝199フランになり、さらに26日には1ポンド＝190フランまでにフラン価値が上昇した。(1)
　7月27日、ポアンカレは下院における施政演説のなかで団結の必要を訴え、「あなた方の前に表れた内閣は、我が国の貨幣の価値、国庫の自由および財政の均衡を同時に脅かす危険に備えるために、国民和解の精神をも

って構成された」と述べた。そして、彼は具体的対策としてつぎの6項目をあげた。1．浮動債の長期公債化ではなく、償還を原則として償還金庫に交付金を与える。2．一般経費の削減、行政機構の再編および地方財政の改正を行う。3．資本流出の阻止とその原因になっている税率を改正し、厳しく効率の悪い古い管理方法を見直す。4．1926年の5ヵ月間および1927年度について115億フランの新財源となる増税を実施する。5．専門家委員会報告における債券管理金庫と外国信用の獲得という案を採用せず、近い将来に確実な担保を持つ償還金庫への調整を提案する。6．これら対策によって予算の均衡、フランス銀行への年10億フランの返済ならびに内国債の償還が可能になるであろう。

この方針に基づく財政法案は、質問延期の提案が議決されたのちに、直ちに委員会に付託され、緊急審議が行われた。この法案は7月31日に下院で可決され、8月3日の外国為替相場は1ポンド＝184.50フランまでフランが上昇した。そして8月3日には同法案が上院におけるポアンカレの緊急演説の後に可決成立した。この財政法によれば、まず収入の増加と経費の節約を図る施策が実現された。収入の増加を図るために増税が次の項目で実施される。1．従量税、最低税および金額と価値以外の課税標準に基づいて決められているすべての税を戦前の6倍の範囲内で貨幣価値の変化に応じて調整（第2条）。2．専売品の販売価格、郵便、電報および電話料金も同じ方法で再調整（第2条）。3．ワイン、果実酒等の流通税およびビール製造税を例外的に1926年12月31日まで引き上げ（第3条）。4．鉄道輸送税の引き上げ（第4条）。5．自動車、小型3輪自動車、原付自転車税の増額（第5条）。6．船舶輸送税の引き上げ（第6条～第10条）。7．国内取引高税の2％への統一（第12条）。8．輸出取引に1.2％～1.3％の取引高税の適用（第12条）。9．政府に関税を再調整する権限の付与（第13条～第15条）。10．有価証券の所得とその他収入、償還の賞金とプレミアム、役員の賞与と諸手当、利子およびそれに類する収入に対する税率の50％引き上げ（第16条）。

11. 不動産とその権利、営業権などの最初の所有権移転に対する補完的な特別税の徴収（第18条）。12. 相続税に関して100万フラン以下および第二親等までの相続に対する若干の引き上げ（第19条）。13. 外国人身分証明書の交付および更新の料金引き上げ（第22条）。14. 分類所得税の引き上げ（第23条）。

さらに、増税だけでなく同時に必要と判断された減税も行われた。1. 有価証券譲渡税の引き下げ（第17条）。2. 相続税に関しては、100万フラン以上の相続および二親等以下の10万フラン以上の相続に対してその税率の引き下げ（第19条）。3. 地租税率の引き上げの結果に対応し、譲渡制限資産税の引き下げ（第24条）。4. 総合所得税の引き下げ（第25条）。

支出に関しては、経費の節減を実現するために、1. 政令によって官職、機関および部局の廃止ないし統合を1926年12月31日までに実施する（第1条）。2. 利札帳の作製のために予算に計上されている額は取り消される。支出増となるのは、1. 公務員給与の引き上げ（第29条）、2. 公務員の退職手当の支給（第30条）、3. 議員歳費の引き上げ（第31条および第32条）、4. 外国債の費用およびフランス銀行貸付金の利子支払い業務のための国庫支出（第33条）、5. 収税強化のために、取り消された利札手帳作製予算額の直接税庁および登記庁への支給（第32条）である。

かくて、この法によって予想される予算上で収支の変化は次のようになる。

　　a）予想される追加予算額
　　　給　与　　　　　　　　　　　6億6,900万フラン
　　　国庫支出　　　　　　　　　　13億5,125万フラン
　　b）後に計上される追加予算額（モロッコ）　3億フラン
　　　参考までに、政令によって実現される
　　　節約額を差し引かねばならない　　　　　―
　　　　　　　　　計　　　　　　　23億2,025万フラン

予算収入の増加	（100万フラン）	
	1926年の以後5ヵ月	1927年
種々の従量税の調整（第2条）	944.5	2,364.3
健康飲料（第2条）	250	—
ミネラルウォーター（第3条）	12.5	—
運送（第4条）	500	1,500
自動車（第5条）	43	170
河川運送（第6条～第10条）	8.3	25
取引高税の2％への一般化（第11条）	200	600
輸出税（第12条）	140	500
関税（第13条～第15条）	160	400
有価証券所得税（第16条）	—	652.5
譲渡税（第17条）	—	−255
相続税（第19条）	—	−1,700
分類所得税および鉱山使用料（第21条）	—	1,936
総合所得税（第23条）	—	−500
計	2,258.3	5,692.8
独立償還金庫の収入		
最初の譲渡に追加される特別税	200	800
相続税（ここに第19条適用で当てにされる税収超過を含む）	—	2,700
計	200	3,500
納税者によって新たに負担される課税額	2,458.3	9,192.8

　以上のように、納税者の新たな負担増加分は1926年5ヵ月については24億5,830万フラン、1927年については91億9,280万フランと見込まれ、そのうち償還金庫への繰り入れ分が1926年の5ヵ月間に2億フラン、1927年度

に35億フランとするならば、それを差し引き、収入の増加分は1926年に22億5,830万フラン、1927年に56億9,280万フランと予想された。そうすると、1926年度予算についてみると、支出増が23億2,025万フランに対して収入増が22億5,830万フランになるので、差し引き6,145万フランの赤字になるが、この赤字分については節約の実現によって吸収されると想定されているのであろう。

　つぎに貨幣安定と国庫収支の均衡に必要な措置を講ずる法案が7月4日に下院へ提出され、両院で若干の修正行われたのちに8月7日に採択された。貨幣の安定化に関しては、安定されるべき新たな水準に貨幣価値を維持するためには、外国為替市場で介入することが必要であり、安定化を成就するためには、フランス銀行に金属正貨と価値の安定した外国為替を持たせることが必要不可欠であり、同行にこれらの購入を認めたのである。すなわち、フランス銀行は金平価ではなく、プレミアム付きで金銀貨の購入、さらに市場で金、銀および外国為替の購入が認められた（第1条および第2条）。そして、貨幣、金銀および外国為替の購入のためにフランス銀行によって発行された銀行券は最高発行限度額に算入されない。ただし、獲得された貨幣、金銀および外国為替が失われた場合には、それに対応して銀行券を流通から引き上げなければならない（第3条）。なお、大蔵大臣は、現法の公布から3ヵ月の間に、フランを再建して安定させる準備をするためにフランス銀行総裁とあらゆる協定を締結することができる。ただし、以前の法によって決められた銀行券発行限度額や国家貸付金限度額を引き上げる協定は締結することはできない（第4条）。

　国庫収支の均衡を達成するために、その障害となっている浮動債の管理を国庫から切り離し、憲法を改正してその業務を「国防証券管理、タバコ産業経営および公債償還独立金庫」（以下独立償還金庫と略記する）の創設によって行わせることにした8月7日の法が可決成立したその後に憲法の改正という手続きを踏んだことは、象徴的効果と技術的効果という二重の

効果を持っていた。前者は財政改革に本腰で取り組む姿勢を世論に対して決定的に印象付けることであり、後者は金庫の独立性、ならびにそれに充当される収入が憲法によって明確に保証されたことである。この金庫創設の法案は8月10日に国民議会で可決された。[8]

この金庫は法人格と金融上の独立性を持つ公的機関であり、次の責務を持つことになる。1．国防債券の利子支払い、償還および借り換えの業務を行う。また現在流通している通常の国庫債券についても管理し、それは国防債券に借り換えられる。2．タバコの購入、製造および販売に関わる専売業務を経営する。そして、この金庫の管理する債券の最高額は490億フランと決められ、毎年償還された債券額だけこの最高額が引き下げられることになっている。ただし、現実に流通する債券額が一時的に6％の範囲内で決められた最高額を超えることは認められる（第5条）。

同金庫が業務を遂行するために必要な財源については、憲法で保障された財源はタバコ専売の純益、追加的および特別な譲渡税の収入、相続税および死亡による譲渡税の収入、さらに自発的協力としての贈与、または遺贈であるが、それに加えて、8月7日の法では、タバコ専売の純益で金庫の管理する債券、ないし発行した債券の利子を支払できない場合には、その不足額に相当する予算年賦金、年度末における一般予算の支出を超える超過分、宝くじ収入、既存の独立償還金庫の清算による資産残高、下院が後に独立償還金庫への交付金としてあてる追加財源が挙げられている。なお、独立償還金庫は貸付を受けることが認められているし、万一の場合にはタバコ収入を担保にして債券を発行することができる（第6条）。

貨幣安定化に必要な対策を規定した法案は8月7日に可決されていたけれども、その第4条によって定められた大蔵大臣ポアンカレとフランス銀行総裁モローとの間の協定が締結されなかったので、フランス銀行は貨幣安定化のための行動に出ることはなかった。両者間の協定がなかなか締結されなかった理由は、政府側がフラン安定化の水準を明確にせず、フラン

ス銀行側が場合によっては起こりうる損失を負担できないと判断したからであった。したがって、外国為替相場を維持する責任および操作によって生ずる損失の負担をめぐって両者の間で調整が難行した。結局、9月16日になってやっと両者の合意が成立し、協定が締結されたのであった[9]。

その協定によれば、次のような取り決めがなされた。フランス銀行による外国為替の購入および譲渡は国庫の了解後に行われ（第1条）、その購入および譲渡は各月末に大蔵省に提出される明細報告書の対象となり、法的限度額を超えて発行された銀行券の額は、四半期ごとにフランス銀行の保有する外国為替をその期の平均外国為替相場で計算した額を超えることができない（第2条）。四半期ごとのフランス銀行保有外国為替の割当額を平均外国為替相場で再評価を行った結果、利益の生じた場合には仮勘定貸方に留保され、損失の生じた場合には仮勘定借方に記入される。そして、借方残高がフランス銀行保有の外国為替割当額の25％、ないし25％を超える場合には、それ以下に引き下げるために必要な外国為替を国庫が同銀行からその取得価格で購入しなければならない。四半期ごとに再評価されて表れた仮勘定借方残高は、フランス銀行国家貸付金の利用可能な法的残余額から差し引かれ、ポートフォリオにおける同額の国庫証券の増加となる。この国庫証券の利子（100フランにつき50サンチーム）は国家貸付金の償還勘定へ全額支払われる（第3条）。仮勘定貸方残高については、それは最終的にフランス銀行の国家債務の減少に使用される（第4条）。なお、フランス銀行はその外国為替割当額の全部、あるいは一部を大蔵大臣の了解のもとで運用し、それによって生じた利子は国家貸付金の償還勘定へ支払われることになる（第5条）。

金銀貨の買い上げについては、フランス銀行は9月27日から銀貨を純銀1グラム59サンチーム、金貨を純金1グラム19.75フランの価格で購入した。この実施は成功裏に続けられ、1週間で1億6,000万フランの金銀貨が購入された。10月11日にはフランス銀行が銀の買い上げを中止したが、そ

表2-1 金の買い上げ価格

年　月　日	純金1gの買い上げ価格	純金1mgのフランの等価額	金買い上げ価格指数	
戦　前	3.44	290.32	100	
1926. 9 .27	19.75	50.63	574.1	100
10.11	19.25	51.95	559.5	97.4
10.25	19	52.63	552.3	96.2
11. 3	18	55.55	523.2	91.1
11. 8	16.50	60.60	479.6	83.5
11.23	15.10	64.52	438.9	76.4
12.16	14	71.43	406.9	70.8

出所：R.Sédillot, op.cit., p.273. 指数は私の計算。

れは銀の市場価格が低落して損失の生ずるのを避けるためであった。同日までに購入された銀の量は予想を超え、そのストックは25万キログラムとなり、そのうち7.5キログラムが13日までに売却された。その買い上げは10月11日から1927年1月まで中断され、再開されたのちに1928年2月9日に再び中止された。金の買い上げについては、フランス銀行は銀の買い上げを中止した同日に金の買い上げ価格を純金1グラム19.25フランに引き下げ、その後、表2-1に示しておいたように順次引き下げている。この買い上げ価格の引き下げはフラン相場の上昇に対応させて行われているように思われる。フランス銀行による金の買い上げは、金貨退蔵者に実質的利益を実現させることになり、また買い上げ価格を引き下げていったので彼らの金貨の売却を促進することになった。(10) かくて、フランス銀行は正貨準備金を増強することができたのであった。

　さて、8月6日に終値が161.25フランであったポンド相場は、その後、11日には171フランになり、さらに17日には178フランにまで上昇したが、それをピークにして再び161フランに戻った。フランス銀行は、金銀貨の購入を開始した後においても、外国為替市場に介入し、外国為替を購入し

第2章 安定化政策の過程

表2－2 国庫当座預金残高および国防債券発行残高（月末） （百万フラン）

	国庫当座預金残高			国防債券発行残高		
	1926	1927	1928	1926	1927	1928
1	2,817	2,357	3,361	46,089	47,229	41,050
2	2,038	3,479	2,752	46,068	46,408	40,342
3	2,027	6,727	2,392	45,783	47,629	39,856
4	1,614	7,084	3,519	46,212	50,584	38,979
5	1,676	9,371	4,911	46,384	46,130	38,797
6	2,073	11,033	2,639	46,157	46,973	33,512
7	2,370	10,002	1,330	44,218	44,815	33,839
8	1,894	6,536	1,151	45,973	44,205	34,203
9	1,944	6,168	1,016	46,850	44,175	34,570
10	2,804	4,998	967	45,891	43,835	34,934
11	2,506	4,229	720	48,547	43,360	35,299
12	2,802	4,101	671	49,080	43,464	35,665

出所：La France économique en 1928, R.É.P. p.474. La France économique en 1929, R.É.P. p.411, p.415.

ようとしなかった。ポアンカレは9月30日にモローに外国為替市場への介入を求めたが、彼はまだ準備が整っていないことを理由に要求に応じなかった。モローは当時のポンド相場が高すぎるという判断であり、その相場で介入するとフランス銀行側がかなりの損失を被る恐れのあることを考えている。彼は9月24日に外国為替取引のディーラーを採用し、10月16日には外国為替局を設置して業務開始の体制を整えたが、その後当分の間は国庫勘定での仕事と職員の訓練に必要な取り引きに限定している[11]。

したがって、この過程において外国為替市場に介入したのは国庫であった。政府は外国に対する債務の支払いのため、またモルガン資金の再構成のために大量の外国為替を必要としていた。外国為替の購入資金は政府の納税者への訴え、国防債券と国庫債券の発行および国庫当座預金に求められた。外国人がポンドやドルを売り、国庫がそれをフランで購入すると、フランを受け取った外国人がそのフランをフランスの銀行に預金し、銀行

はそれを国防債券に投資するか、国庫当座預金に預けるという資金運用がなされた。かくて、国庫から支出されたフランは再び国庫に戻ってくることになり、そのフランを使って再び外国為替を購入することができたのである。このような資金循環によって国庫の外国為替市場への介入が行われ、その結果、外国為替相場の相対的安定が維持されていた。しかし、10月には外国への必要な債務支払いが終了し、モルガン資金が再構成されると、フラン相場は上昇しはじめる。(12)

ポンド相場は160～170フラン台に推移していたのであったが、10月20日、モローが大蔵省を訪れた際に、金融局長モレがフラン上昇への投機が始まっていることを告げ、フランス銀行が外国為替を購入する必要性を述べている。8日の間（21日～28日）に158～167フランの範囲内で動いていたポンド相場は、10月29日には154フランになり、次いで11月3日には150.55フラン、4日には143.165フランへと下落した。さらに、ポンド相場は18日に140フラン、19日には134フラン、そして22日にも10ポイントの低下となった。約20日間にもわたるポンド相場の下落が続き、160フラン台から120フラン台にまでの下落の結果、フラン上昇に対する商工業の不満の声は高まり、また多量の外貨および外貨表示の証券が売りに出され、証券市場はパニック状態になった。大蔵省側は18日および23日にフランス銀行が外国為替市場への介入を決定するようにと要望した。しかし、フランス銀行は市場介入を決定しなかった。モローの判断によれば、外国為替相場は国庫の市場介入にもかかわらず激しく変動し、したがって、フランス銀行が国庫に代わって市場に介入するならば、国庫に代わってフランス銀行が損失を被ることになる。8月7日の法およびそれに基づく協定によって損失の補償は当然なされるべきであるが、しかし現実には、国庫に支払い能力がないかぎり、保証がないのも同然であると。(13)

10月末にはパリ郊外でかなりの失業者が出ていることも報告されていたが、フランの激しい上昇は商工業に対してかなりの打撃を与える結果とな

った。自動車産業においては、経営危機が深刻になり、12月末にシトロエンはフランス銀行に援助を求めるような状況になった。また、フランス銀行の信用政策に関して商務大臣が11月末に庶民銀行に対する信用制限を非難する書簡を出しているし、さらに12月に入って地方銀行家協会が信用制限に対する反対のキャンペーンを企てようとしている。このような動きは商工業の経営が深刻になってきた結果、これら銀行の資金繰りが困難になってきた反映であろう。このような経済状況の悪化を考慮してか、フランス銀行は12月16日に割引利率を7.5％から6.5％へ、証券担保貸付利率を9.5％から8.5％へ引き下げることを決定した。この措置は実業界に好感をもって迎えられ、またすべての新聞報道はその英断を称賛して伝えた。[14] しかしながら、翌17日、ポアンカレは下院における演説のなかで貨幣問題および外国為替問題については極めて慎重な態度をとり、法律上の安定を決定するためには、それ以前に事実上の安定が達成されていなければならず、まずは予算の均衡を確保することが必要であると述べている。[15]

10月に提出され両院で審議されていた1927年度予算案は、12月18日に両院間で一致をみて翌日に可決された。この予算案は8月3日、7日および10日の法における基本原則に基づいて昨年度の予算政策を継続していくことであった。すなわち予算の均衡の達成、公債の償還、フランスに資本を引きとどめ、または回帰させるために必要な対策に基づき、それを適用し、発展させたものであった。政府はフランス銀行の国家貸付金に頼ることなく、国家の必要経費を満たし、資本に対しては収益の確保と安全の保障を与える予算編成がなされ、総合所得税、有価証券税、譲渡税の減税が継承されている。その一般予算の収支は収入が397億2,800万フラン、支出が395億4,100万フランであり、1億8,700万フランの黒字となる超均衡予算であった。[16]

国庫収支の均衡を確保する対応に関しては、9月に入ってタバコ製造専売保証債券の発行が検討される。最初、政府側は発行額を50億フランにし

たい意向であったが、モローの訴えや金融機関との意見聴取に基づいて調整が行われ、9月末に同債券が30億フランに縮小されて発行されることになった。しかし、その発行は成功とはいえない結果であった。応募がはかばかしくなく、応募の不足額（2億フラン）がフランス銀行に引き受けを要請するという事態もあったが、もちろん同銀行はこの要請に応じていない。このようにタバコ製造専売保証債券の発行は好ましい成果とはならなかったが、国防債券に対する応募は増加し、国庫の状態は改善されてきていた。[17]フラン相場が流動的であるために、貨幣資本が長期の投資には向かわず、さしあたり短期の運用で模様を見ようという意向なのであろう。

　独立償還金庫は10月1日に業務を開始したが、その時に国防債券および国庫債券の管理は国庫から同金庫に移管された。管理のもとにおかれた流通債券額は483億8,500万フランであり、法的最高発行限度額は519億4,000万フランであった。[18]国防債券の償還期限は1ヵ月、3ヵ月、6ヵ月および1年であったので、万一の場合には、同金庫は大量の負債償還の脅威にさらされることになりかねなかった。しかし、国防債券への応募は好調であり、国防債券の流通量は急激に増加し、10月30日の466億1,400万フランから12月15日には493億1,400万フランに増加している。そのために国防債券の流通量を減少させる対策が講じられる。まず、国防債券の割引が実施され、12月には独立償還金庫によって預金供託金庫およびフランス銀行から4億フランの国防債券が購入されたが、それでもなお法定最高限度額を超えていた。そこで、12月11日の政令で1ヵ月満期の新たな国防債券の発行を停止し、新たに2年満期の国防債券が発行されることになり、国防債券自体の償還期限を順次延長することによって月々満期になる国防債券額を減少させる対応がとられた。また、1年、6ヵ月および3ヵ月国防債券の利率が5.5％、4.5％、4％に引き下げられた。[19]

　12月20日、モローは大蔵省金融局次長バルノーから電話を受けた。外国為替の売りが大量に溢れだして国庫はフラン相場の上昇を食い止めること

第 2 章　安定化政策の過程

ができなくなり、ポンド相場が120フランを下回る事態が発生し、もはや適切な水準を超える危険な状態になったと伝えてきた。そこで、モローはまだ理事会の承認を得ていなかったが、公益を優先し、外国為替市場に介入することを決断したのであった。その決断は経済の破綻を回避し、商工業における多くの企業倒産とその結果として生じる失業を阻止するためであった。[20]

第 2 節　事実上の安定期

　モローの決断によって外国為替市場における介入操作は政府の手からフランス銀行へと移管されたので、外国為替相場の安定はフランス銀行の役割となった。そこで、この事実上の安定期の推移については主としてモローの回想録に依拠しながら述べていくことにしよう。

　外国為替市場への介入が決断された後、フランス銀行はポンド相場を120フランに戻すために93万ポンドを購入せざるをえなかったし、さらにニューヨーク市場でもフランを防衛するために10万ポンドの買い注文を出した。翌21日にもポンドを下落させる方向で介入を行った結果、フランの上昇を阻止することができ、1ポンド＝120.45フランの相場が達成されたが、しかし外国為替の購入額は380万ポンドにもなった。22日にはこれまでの戦術が大きな成功をおさめ、ポンド相場を122.10フランへ達成させることができた。23日には外国為替の購入額は450万ポンドになったが、フランス銀行は外国為替市場を掌握できるようになり、ポンドの介入相場を120フランと125フランとの間に設定することを決めている。この日にはポンド相場を終日122.25フランに維持することができた。この段階においてモローはポアンカレに1月15日までの市場介入を約束し、それ以前に政府が貨幣問題の全体像について決めるように要請した。それに対してポアンカレは貨幣問題の全体像を決定することを約束したが、しかし、将来1ポ

表2−3　フランス銀行の金銀および外国為替の購入額（月平均）（100万フラン）

	1	2	3	4	5	6	7	8	9	10	11	12
1926									7	648	1,348	1,520
1927	1,615	1,776	1,901	2,019	2,114	2,169	2,202	2,237	2,264	2,320	2,348	2,366
1928	2,391	2,419	2,428	2,436	2,653	2,962						

出所：La France économique en 1927, R.É.P., 1928, p.522. La France économique en 1928, R.É.P., 1929, p.463.

ンド＝100フランの相場になるまでフランの上昇を望んでいると述べてモローを不安にさせている(21)。

　24日には外国為替の購入額が530万ポンドに達した。フランを安定させるという印象を与えないために、外国為替売買相場をしばらくの間変更することにし、今日の売買相場はポンドを122.35フランで購入し、122.40フランで販売することにする。夕方の外国為替取引の報告によれば、60万ポンドが市場に戻されて事態は順調にいったが、フランは5分の1に切り下げられて安定されるという噂が広まり、再び市場への外国為替の供給が勢いを得て増加する。しかし、フラン相場を再び上昇させることなくフランを安定させる政策を続けることにする。この噂を否定するはずであった新聞の論説がフランの価値回復を予告する公的なコミュニケと受け取られてしまった。その結果、ポンドの下落を阻止するために大量の外国為替の購入が必要となった。30日の外国為替準備高はほぼ800万ポンドに達する。そこで、ニューヨーク市場でもフラン上昇への投機を抑制するために介入操作を行うことになった。正午にはフランに対する攻撃は沈静化してきた。31日に国庫から国家貸付金の返済が20億フラン行われ、国家貸付金の最高限度額が365億フランに引き下げられて年を越すことになった(22)。

　フランス銀行の外国為替市場への介入によって新たな資金循環が形成されることになった。外国為替の購入のために発行された銀行券は国家貸付金の返済によって、または国防債券に投資され、独立償還金庫の当座預金

勘定を通じてフランス銀行に還流してくるルートである(23)。

　1月4日、外国為替市場においてフラン相場下落の急激な変化が生じ、フランス銀行はそれを阻止するために4日には130万ポンド程度を売りに出している。この急激な変化はポアンカレとブリアンとの間に意見の相違があるという噂によるものであったかもしれないが、1月9日の上院選挙はポアンカレの側に有利な結果になり、外国為替市場の流れは逆転し、フラン下落への投機は収まり、外国為替市場が平静を取り戻すことになって65万ポンドを購入することができた。しかし、その後もフランを上昇させようとする投機は傾向的に持続し、それに対抗するためにフランス銀行は外国為替を購入し、外国為替準備高は1月29日には1,900万ポンドを超える状況になり、流入した投機資金の投資対象となっていた6ヵ月国防債券が発行停止にされた(24)。

　2月に入ってもポアンカレのフラン安定化案は示されなかった。フランス銀行の外国為替の購入は続き、2月3日にはフランス銀行が割引利率を$5\frac{1}{2}$％に、証券担保利率を8％に引き下げ、独立償還金庫が1年国防債券の利率を5％に引き下げたが、5日には外国為替準備額は2,100万ポンドを超えている。その後、外国為替の購入量は次第に減少して外国為替市場は平静さを取り戻した。2月10日、ポアンカレがポンド相場を引き下げることをモローに対し要求する。モローはこの要求に応じて14日にポンドを20サンチーム引き下げたが、その結果は大量の外国為替の供給となり、モローがポアンカレを訪れ、現状のままにしておけないので対策を検討しなければならないことを述べたのに対して、ポアンカレはまだフランの価値回復を断念すべきでないと主張しモローを当惑させている。翌日、フランス銀行は戦術を変えて3回少しずつポンド相場を引き上げた結果、その効果は直ちに表れてポンドの供給は減少した。15日には9月に償還期限のくる国庫債券のために利率7％、償還期限15年の国庫債券が発行され、債券で12億1,000万フラン、現金で25億3,900万フランの応募があったが、外国

為替の購入によって支払われたフランの過剰な通貨供給問題に関して、増加した信用および銀行券を再吸収する方法がフランス銀行の内部でモロー、リスト、ルクレールおよびケネーとの間で話し合われている。⁽²⁵⁾

17日には証券担保貸付利率が8％から7％へ引き下げられた。イギリスおよびアメリカに対する戦時中の債務の弁済に関して政府と議会メンバーとの間に意見の対立が生じ、政治情勢が一時的に不安定な様相を呈した。その結果、外国為替市場は反転してフランが売りに出され、フランス銀行はフラン相場を維持するために2月18日から22日までに約160万ポンドを売ることになったが、翌日から外国為替市場は再逆転してポンドを買わざるを得なくなり、ポンド買いが続くことになる。外国為替準備高は3月26日にはほぼ4,000万ポンドとなり、28日には4,500万ポンドにも達し、3月末には4,700万ドルを超えていた。その結果、資金の運用が困難になるほどの豊富な貨幣および信用を抱えるようになった。国庫当座預金残高は67億フランにも達していた。さらに、4月7日には大量の外国為替が市場に供給された。フランの上昇によって国内経済が破局に導かれないようにするためには、フランス銀行は外国為替の購入を続行せざるをえなかった。このような状況のなかで、国防債券の流通額は依然として減少せずに高水準にあり、国庫当座預金残高も増加していた。そこで投機資金の流入を阻止するために、4月11日に2年国防債券の利率が6.5％から5.5％へ、1年国防債券の利率が5％から4％へ引き下げられ、国庫当座預金利率が2.5％から2％へ引き下げられた。さらに5月6日には1年国防債券の利率が4％から3％へ引き下げられ、ついで5月14日にはフランス銀行の割引利率および証券担保貸付利率がそれぞれ5.5％から5％へ、7％から6％へ引き下げられた。そして4月25日から5月25日までに年利率6％償還期限50年（抽選により元金が150％で償還される）国債が発行され、その応募によって1928年および1929年に支払期限のくる国庫債券の長期公債化が成功裏に行われた。⁽²⁶⁾

第 2 章　安定化政策の過程

　外国為替の投機的取引きが盛んに行われるようになり、外国為替市場はまさに危機的状況になっていた。フランス銀行の外国為替の購入が続き、5月10日には外国為替のストックが1億ポンドに達しようとしていた。この状況を打開するために、この投機資金の供給源となっているロンドンにおいて金融が引き締まる状態にしなければならないと判断し、フランス銀行はロンドンで保有するポンドをドルに転換することにした。5月13日にはパリ外国為替市場において500万ポンドをドルに転換し、200万ポンドを購入している。14日にはポンド相場は124.10フランに上昇したが、やがて124.03フランへと下落し、そしてポンド相場は安定的に推移した。16日には250万ポンドを購入し、300万ポンドをドルに転換している。さらに、モローはポアンカレから国庫勘定のドルを金に換える許可を受け、この操作をニューヨーク連邦準備銀行総裁ストロングに依頼し、かつイングランド銀行総裁ノルマンにはロンドン市場に売りに出された金を購入してもらうことを頼んだ。金への転換はポンドについては総額2,000万ポンド、ドルについては総額1億ドルになるまで続けられるはずである。フランス銀行の保有するポンドを金に転換する政策はフラン投機のために供給されるポンド為替を減少させることになり、外国為替市場は平穏な状態になり、投機を妨げるのに有効であった。しかし、この政策はイングランド銀行の反感を買う結果となり、イングランド銀行はフランス銀行が非友好的な目的を追求していると非難した。(27)

　外国為替の供給は減少してきたが、フランス銀行は依然として外国為替を購入し続けなければならなかった。6月に入ってもポンドを買い、それをドルに交換して保有する対応が行われる。6月2日に独立償還金庫の理事会は1年国防債券の発行停止を決める。6月20日にはフランス銀行が大量の外国為替を購入した結果として引き起こされた事態を解決する方策を話し合うために、リストがニューヨークに派遣され、ストロング、ノルマンおよびシャハトと会談がもたれた。24日には信用機関を援助し、外国為

替市場を平静にするために新たな実験が試みられた。それはフランス銀行とソシエテ・ジェネラル銀行との間で行われた外国為替のスワップ取引である。フランス銀行は外国為替を現物でソシエテ・ジェネラル銀行に売り、それを先物でソシエテ・ジェネラル銀行から買い戻す取り引きである。その取り引きによってフランス銀行は保有する外国為替準備高が減少するが、その減少分を先物の外国為替で保有することになるので現先を合わせた外国為替準備高は減少しないことになり、現物の外国為替を売った分だけ流動資金を吸収し、銀行券を回収して減少させることができる。ソシエテ・ジェネラル銀行のほうでは買った現物の外国為替を外国で有利に資金運用が可能になる[28]ので、したがって両者にとって望ましい結果が表れることになる。

　過剰流動性の解消と浮動債券の長期公債化のために、額面500フラン、償還期限50年、金利6％の割引公債が460フランの価格で発行され、その応募は6月27日から開始されて7月23日に締め切られた。応募額は45億9,000万フランであったが、国防債券による応募が13億フランであり、残額32億9,000万フランが現金による応募であった。この公債発行は期待されたほどの効果を発揮しなかった。この公債発行によって国庫の当座預金残高の減少とはなったが、依然として流動資本の過剰な状態は続いていた[29]。

　7月には銀行券発行高が10億フラン以上も増加し、また、国庫の当座預金残高は1月の24億フラン未満に対して6月には110億フランにも達していた。過剰流動性を警戒しなければならない事態が生じていた。この事態を解消するためには外国で資金運用を可能にすることが必要であったが、資本輸出禁止法の廃止に関しては税収の観点から現時点ではポアンカレは反対であった。フランス銀行は資本輸出の禁止の条件を緩和して信用機関の間で外国為替のスワップ取引を認めるように大蔵省に要請していたが、その許可が27日の通達によってスワップ取引が18億フランの最高限度まで認められた。そして、資本輸出に関する7月27日の通達および外国為替の

鞘取り取引に関する省令によって資本を海外に輸出して外国為替取引で運用することが可能になった。なお外国為替取引の動向については、23日にはポンドの購入はほとんどなく、転換点をむかえて25日は若干のポンド売りとなり逆転することになった。また、大蔵省は国庫当座預金の増加を考慮して28日にその金利を1.5％に引き下げた。[30]

しかし、8月中旬に外国為替市場はポンド上昇の傾向から再び逆転する情勢になり、外国為替の供給が増加した。フランス銀行はまたポンドを買わざるを得なくなった。8月下旬には1週間に290万ポンドも購入しなければならなかった。かくて、パリ市場では過剰流動性となることを避けるためスワップ取引額が増加した。モローはこの取引額の制限を拡大する必要を感じて、スワップ取引額の最高限度18億フランの枠を35億フランに拡大させるように大蔵省に許可を求めている。独立償還金庫は8月における債券の発行額よりも償還額が超過し、その償還超過額は7億フランにもなり、その結果として独立償還金庫の預金が引き出され、銀行券の発行が増加することになる。さらに、外国為替の購入は9月末から10月初めにかけて310万ポンドになった。このような外国為替の購入による流動資本の増加がインフレーションに転嫁しないようにする対策をフランス銀行内部で検討されている。モローは外国為替のスワップ取引の拡大でも、資本輸出禁止の解除でも不十分であり、新たな公債発行が必要であるとポアンカレに進言している。[31]

外国為替市場は10月中旬に取り引きの状況が逆転し、ポンドは買いから売りに変わってその傾向は11月初めまで続いた。10月16日から月末にかけて国有鉄道債券が発行されたが、その応募は10億フランに達したに過ぎなかった。外国人はフランスより金利の高いドイツやオランダで資金を運用するために公債を売りに出していた。11月10日には国庫からフランス銀行に4億フランの国家貸付金の返済が行われ、国庫預金残高が減少したが、銀行券発行高は増加している。[32]

フランス銀行は11月に入って再び外国為替の購入に向かうことになるが、その後11月末には月末決済のために外国為替の購入が行われて外国為替市場は比較的平穏に推移する。そしてその流れは12月に続いていく。独立償還金庫は11月中に2年国防債券を24億フラン発行して、1年国防債券を28億フラン償還しているから、差し引き4億フランの償還超過となる。12月7日にポアンカレは国防債券の発行を限度内に戻すために、2年国防債券の発行の割当てを決定した。この措置は独立償還金庫が銀行券を還流させる代わりに逆に銀行券を引き出すことになり、外国為替の購入による銀行券発行高の増加をフランス銀行に還流させる資金循環の破壊となって国庫の要求払い預金残高の増加になりかねない。12月8日に公表されたフランス銀行の資産負債週刊報告書によれば、国庫から2億5,000万フランの国家貸付金の返済があり、ポートフォリオが7億フラン分減少しているのにもかかわらず、銀行券発行高は前年同期に比して22億フランを超える増加となっている。12月28日における外国為替の購入額は1日で150万フランにも達し、さらに29日には190万ポンドを買わざるを得なかった。銀行券発行高は不安になるほどの増加になった。同日の理事会において割引利率が5％から4％へ引き下げられる決定がなされ、さらに2週間後には3.5％へ引き下げられ、証券担保貸付利率も0.5％引き下げられた。[33]

　外国為替の購入が続くなかで、銀行券流通高が増加し、この過剰な流動資金を吸収することが重大な問題であった。2年国防債券の発行割り当てが公表されてからこの債券に対する応募が顕著に増加した。1928年になっても外国為替の購入は依然として続き、その購入には増減の波はあるものの購入の動向そのものには変わりはなかった。1月10日には外国為替の投機的購入および不法な輸出を禁じた1918年4月3日の法およびそれに関連する法の適用を廃止する措置がとられた。その結果は外国為替の供給が一時的に減少したが、12日には外国為替の供給が増加し、フランス銀行は多くの外国為替を購入し、スワップ取引で対応したのであったが、この時点

におけるスワップ取引高は36億フランに達した。14日夜に政府が安定化政策を実施するという噂が広まったが、それは根も葉もない噂に過ぎなかった。フランス銀行は１月19日に公定歩合の引き下げを実施し、割引利率を４％から3.5％へ、証券担保貸付利率を６％から5.5％へ変更した。その後、１月末になるまでは外国為替の購入は比較的少額で済み、外国為替市場は平穏に推移した。(34)

　１月末には外国為替の供給が増加し、27日に40万ポンド、さらには31日に140万ポンドの購入が行われた。しかし、２月にニューヨークで割引利率が3.5％から４％へ引き上げられたので、それがポンド相場の下落を引き起こし、外国資本がフランスに流入しなくなって外国為替の購入量はわずかになった。２月３日、下院におけるポアンカレの経済・財政の成果に関する演説においてフランの安定に関して明確な態度表明がなされず、その決定が次の立法議会に延期されたことは、フランの価値回復にかける投機を引き起こし、フランス銀行が大量の外国為替を購入する事態となった。また、２月15日にはフランの価値回復にとって有利になるキャンペーンが再開されるようになった。フランス銀行はかなり多量の外国為替を購入せざるを得なかった。このような状況においてフランス銀行はフラン相場の上昇への投機を弱めるために、２月末にはイングランド銀行に預かっていた金を取り戻すことにし、ニューヨーク市場では金ドルを購入した。大量に購入した外国為替はスワップ取引によって金融機関に戻されたが、銀行券発行高は増加した。３月末には数日間で数百万ポンドの外国為替が購入された。信用機関は月末の決済のためにスワップ取引の外国為替をフランス銀行に戻してきたので、フランス銀行の「その他勘定」の額が顕著に増加するのを避けるために、ソシエテ・ジネラル銀行と取り引きし、同行は外国為替をスワップ取引にとり、手持ち資金の不足をフランス銀行の手形の割引で補うことにした。(35)

　このようにフランス銀行による外国為替の大量の購入が続く状況のなか

で、卸売物価の上昇が生じてきた。卸売物価指数は1月の620から4月の637、さらに5月には646へ上昇している。5月7日にフランス銀行はニューヨーク連邦準備銀行に6,700万ドルの金の購入を依頼し、それをイヤマークしている。この購入によってフランス銀行の金準備は戦前の最高水準にまで達することになった。また同日から75年償還5％利付国債が発行された。この国債はフランス銀行の国家貸付金の返済に充てられるためであったが、それだけではなく、国防債券、1928年に満期を迎える1919年発行の10年償還割引債券、1922年発行のクレディ・ナシオナル債券の一部を長期公債化し、さらに1923年発行の国庫債券の2組についてその所有者に対してこの債券の任意転換を認め、その転換を行使しない場合には強制償還することができた。(36)

この公債に対する現金による応募は5月15日に締め切られたが、その応募額は106億4,000万フランに達した。債券の転換による応募はその後も続けられ、国防債券の53億フラン、1919年発行割引国庫債券の13億6,000万フラン、1922年発行クレディ・ナシオナル債券の3,000万フラン、1923年国庫債券の35億2,000万フランになり、総計で102億1,000万フランの転換が行われた。かくて、現金と債券の転換による応募額の合計は208億5,000万フランになった。なお6月8日までに転換請求のなかった1923年国庫債券については強制償還がなされ、76億フランが償還された。この長期国債の発行によってフランス銀行の国家貸付金が5月3日の229億フランから6月21日の179億フランに減少し、短期債券の長期公債化と強制償還によって償還期限を延長し、債務負担を軽減することができた。とくに、政府は1929年における多額の債券償還を免れることができたのであった。(37)

さて、総選挙は5月22日に第1回投票が行われ、総議席612名のうち当選者は183名に過ぎなかったが、その大多数がポアンカレの支持者であった。この結果に好感を持った証券取引所では証券取引が活発になったし、外国為替市場でも強気の投機取引の展開となったので、フランス銀行は引

68

き続き外国為替を購入せざるを得なかった。第2回投票は29日に行われた。その結果は世論によるポアンカレの政策に対する支持が確認されたと解釈されたが、その内実は必ずしもそうではなく、モローも右派の増加が貨幣改革を遅滞させるのではないかと恐れていた[38]。

　5月末にフランの安定化が延期され、フラン平価が引き上げられるという噂が立ち、フランス銀行の外国為替の購入額は30日に400万ポンド、31日には500万ポンドの高額になった。外国為替のスワップ取引ではもはや流通に入った新たな信用を吸収することは不可能であり、極めて不安定な金融状況となった。モローはポアンカレに会って7月15日までに貨幣改革が実現されなければ辞職の理由を明らかにして辞表を提出するであろうと述べている。それに対してポアンカレは貨幣改革を実施するために克服しなければならない政治的困難を枚挙し、閣内でもエリオ、マランおよびブリアンはフランの安定化には反対であることを指摘する。6月に入ってもフランス銀行は多量の外国為替を購入し続けなければならなかった。そこで6月2日、フラン投機者を困惑させるために、外国為替局長カリゲルの提案に基づき、ポアンカレとモレの同意を得て現物ポンドの売買相場をそれぞれ1ポンド＝124.20フラン、1ポンド＝124.10フランに、また先物ポンドの売買相場をそれぞれ1ポンド＝124.30フラン、1ポンド＝124.15フランに設定することにした。この外国為替相場の技術操作によって翌日にはポンドの買いがなくなり、若干の売りが1ポンド＝124.20フランの相場で行われた。フランス銀行は4日と5日の2日間に400万ポンド以上を売り渡したが、6日にはポンド売りがなくなった。モローはさらにポアンカレにフランの安定を直ちに決定するように働きかける。6月6日にポアンカレは議会において施政演説を行ったが、貨幣改革については不明確のままであった。しかし、政府はやっと12日の閣議において全員一致でフランの即刻安定化を決定したのであった[39]。

第3節　法律上の安定

　6月14日から22日の間に大蔵省とフランス銀行との交渉がいくどか行われ、その結果作成された法案は、6月23日土曜日に取引所の取り引き終了後に議会へ提出された。そして、翌24日には議会で可決され、25日月曜日には貨幣法が公布された。かくてフランの安定は決定的に達成され、新しいポアンカレ・フランが誕生することになった。⁽⁴⁰⁾

　1926年6月25日の貨幣法⁽⁴¹⁾によれば、フランは純分1,000分の900の金65.5ミリグラムに相当する（第2条）ことが決められた。貨幣単位が直接金重量によって規定されたのは、フランス貨幣制度上初めてであり、選択された金平価の水準は6月4日以来の外国為替の売り相場1ポンド＝124.20フラン、1ドル＝25.52フランに依拠したが、ただし、単純化のために金0.5ミリグラム以下の端数は切り捨てられた。ジェルミナール・フランは1フランが金322.58ミリグラムであったから、ポアンカレ・フランはその5分の1に相当する。法律上、フランは5分の4の平価切り下げが実施されたことになる。かくて、各の外国為替平価は1ドル＝25.524フラン、1ポンド＝124.213フラン、1ライヒス・マルク＝6.08フランとなった。⁽⁴²⁾

　1914年8月5日の法第3条によって、フランス銀行券およびアルジェリア銀行券は金兌換を免除され、強制通用力を付与されたのであるが、この規定が廃止され（第1条）、フランス銀行券およびアルジェリア銀行券の金兌換が持参人に一覧払で再開されることになった。かくて、フランス銀行は金貨幣で、あるいは金平価により金地金で兌換しなければならない。しかし、その兌換は無制限ではなく、本店においてのみという場所的制限および大蔵大臣とフランス銀行との協定によって決められた兌換最低量という数量的制限が設けられた。両者の協定で決められた兌換最低量は、ロンドン自由市場で取り引きされる金の単位である約400オンス、あるいはおおよそ12.5キログラムであり、それはほぼ21万5,000フランに等しい。⁽⁴³⁾金

の買い上げについては、フランス銀行は本店および指定支店の窓口おいて純分1,000分の900の金65.5ミリグラム＝１フランの基準をもって購入を行う。その場合に、フランス銀行は金の売り手からパリ造幣局の料金表に基づく貨幣鋳造費用を差し引くことができる。試金費用は売り手の負担とする。なお、アルジェリア銀行券の兌換については、大蔵大臣とアルジェリア銀行との協定に基づき、フランス銀行券と同様な条件のもとで実施されることになる（第３条）。

　フランス銀行の発券制度は最高発行額制限制度から比例準備発行制度に変更された。フランス銀行は銀行券発行高と当座預金貸方残高との合計額に対して最低35％の準備金を金地金および金貨幣で保有しなければならない（第４条）。比例準備発行制度の採用については、ポアンカレは提案理由の説明のなかで従来の発券制度の欠陥を指摘した後、「これに反して、新しい制度は発券機関の金属資産の大きさに流通量を絶えず比例させることができる。そのうえ、若干の相違は別として、この制度が優れているのは、イギリスを除くすべての大国によって採用されているゆえに、一般に知られている」と述べている。[44] ６月25日のフランス銀行の資産負債週刊報告によれば、金保有高290億フランに対して一覧払債務額が720億フランであるので、金準備率は40％であった。[45]

　新貨幣の鋳造に関しては、金貨幣は100フランのみとし、純分1,000分の900、純分の公差が1,000分の１、量目の公差が1,000分の２と決められ、無制限法貨として流通する。しかし、金貨幣の鋳造は私人のためには直ちに自由に行われず、将来、政令によってその再開の日、条件および鋳造費が決められることになり、この政令が公布されるまでは、金貨幣の鋳造はフランス銀行のためにのみ、純分1,000分の900の金１キログラムにつき40フランの鋳造費で行われる（第５条、第６条）。けれども、金の自由鋳造制を規定する政令はその後公布されなかったので、金貨の流通が再び実現されることはなかったし、またフランス銀行券も既存の条件で金地金に兌換

されたに過ぎなかったので、再建されたフランス金本位制は金地金本位制であった[46]。

　銀貨幣は20フランおよび10フランとし、1932年12月31日までに流通から回収される5フラン、10フランおよび20フランの銀行券に代わって総額30億フランを限度として流通する。その純分は1,000分の680とし、その量目は20グラムおよび10グラムであり、公差は純分および量目とも1,000分の5とする。銀貨幣は補助貨幣であって250フランまでを限度として強制通用力を持つ（第7条）。さらに、その他の補助貨幣としては、アルミ青銅貨幣、青銅貨幣およびニッケル貨幣が鋳造されることになっている。アルミ青銅貨幣は2フラン、1フランおよび50サンチームであって50フランの限度まで強制通用力を持ち、青銅貨幣およびニッケル貨幣は25サンチーム以下であり、10フランの限度まで強制通用する。なお、戦争という異常事態のなかで商業会議所によって作成された少額貨幣は、流通から回収され、それらのタイプごとに国家によって鋳造された貨幣に代替されることになる（第8条）。

　この貨幣法の付則として、総理大臣、大蔵大臣およびフランス銀行総裁の間で協定が締結された。この協定[47]は、フランス銀行の資産の再評価とその評価益の処理方法、ならびにフランス銀行保有国庫債券の償還に関する問題について規定している。

　資産の再評価については、まず、フランス銀行の保有する金、銀および外国為替が対象になる。金の再評価は貨幣および地金の実質重量により新貨幣平価に基づいて行われるが、ただし、新たに規定された貨幣の鋳造費用が差し引かれる。銀については、貨幣の実質重量により貨幣法の公布日における国際金属市場の銀相場に基づいて再評価される。外国為替はそれぞれの新外国為替平価に基づいて評価替えされる。つぎに、市場において繰延取引により貸付けられた外国為替については、上述の平価に基づいて再評価し、その再評価額と当該外国為替再購入のための繰延契約価格との

差額が追加、ないし控除される。さらに、国に帰属することになった償還勘定付属の利子勘定の側から積立および償還勘定の貸方に転記した後における当勘定貸方残高が評価益に付け加えられる（第1条～第3条）。以上の計算結果による金額が国家債務の整理に充当される。

これに対して、整理されるべき国家債務は一時的な国家貸付金残高、処分不能な保有在外金、ならびに1926年8月7日の法に基づいてフランス銀行の金、銀および外国為替の購入のために一時的に開設された勘定の借方残高であり、これらの国家債務が整理されたのちに残存する可処分剰余金は、フランス銀行における国庫の当座勘定貸方に記入される（第4条および第5条）。

セディヨによれば、フランス国内保有の金の評価益が144億1,900万フランであり、それにその他資産（在外自由金および可処分金、銀）の評価益を加えると、計算上の総評価益は170億フランを超える金額になる。それに対して、整理されるべき国家債務は一時的な国家貸付金として135億5,400万フラン、それに若干の貸付金を加えて、合計が150億フランを超えない金額であった。したがって、国家債務を整理した後の可処分剰余金は20億フランほどになる。なお、フランス銀行の国家に対する無利子永久貸付は存続させ、国家の必要とフランの価値低下を考慮して30億フラン追加し、これまでの2億フランから32億フランに引き上げられ、国庫の当座勘定貸方に記入された。[48]

さらに、その協定に基づいてフランス銀行が保有する国庫債券59.3億フランは、無利子化されて独立償還金庫に譲渡される。それに対して、同金庫は無利子で最高支払期限3ヵ月の金庫債券を同額フランス銀行に引き渡す。そして、フランス銀行は信用調節上必要と判断した場合には、この金庫債券を支払期限以前に市場で売り、または買い戻すことができる。また、同金庫は債券償還のためにつぎの特定財源を取得する。

1. 未償還債権額の1％にあたる予算上の年賦金。
2. 銀貨鋳造から生ずる収益。
3. フランス銀行の国家納付金の計算上の基礎になる収益のうち6.5億フランを超える部分の50％。
4. ロシア国家およびロシア国立銀行に対する債権の取り立てが可能になった場合の収入（第6条）。

以上の操作を行った結果として、フランス銀行の資産における金保有高、外国為替および政府への貸付金が貨幣法の公布前後でつぎのように記載上の顕著な変更が見られた。

表2－4　再評価前後のフランス銀行資産額の変更

1928年6月24日		1928年6月25日	
（10億ジェルミナール・フラン）		（10億ポアンカレ・フラン）	
フランス国内金保有高	3.7	金保有高	29
金および外国為替の購入	3	外国為替	36.5
諸資産	31.8	直接貸付金	0
直接貸付金	13.5	間接貸付金	0
間接貸付金	5.9	永久貸付金	3.2
永久貸付金	0.2		

出所：R.Sédillot, Le Franc, p.279.

第4節　安定化の水準

フランが安定される水準に関しては、専門委員会報告では今から定められるべきでないし、また公表されるべきでない。その選定は操作の行われる決定的瞬間における生計費指数から算定されるフラン相場とその瞬間に外国為替市場で実際に到達していたフラン相場との間に決められるべきで

第2章　安定化政策の過程

あろう。しかし、諸事情を考慮して外国資本を引きとどめ、さらには引き寄せるために、またフランス資本の復帰を促進するために、現在より有利な相場を選定することが望ましいと指摘していた。

モローの回想録が出版される際にその序文を書いたリュエフの文章のなかにフラン安定化の水準に関する彼の叙述が見出される。それによると、勤務中に、明確には言えないが、確か1926年10月中であったと思われるある日に、ポアンカレに呼び出され、賃金水準に関する調査を行うように特に命じられた。その際に、ポアンカレが「私は各産業についてその水準からではその産業の販路を維持するためには賃金を引き下げねばならない外国為替相場の最低水準がどこであるかを知りたい」といった。

リュエフが種々の産業に関するドイツとフランスの賃金水準をとくに比較して調査した結果は、1ポンドに対して115フラン、120フラン、125フランであり、125フランのまわりに集まっていた。そこで、彼の調査結果を次のように述べている。「もし現在ドイツの卸売物価の平価で安定しようとするならば、ポンド・スターリングの相場を145フランぐらいに決めなければならない。小売物価の平価では約120フランが対応し、また賃金の平価ではこれら2つの限界内に含まれる相場が対応する」。彼の報告書は1926年11月20日にポアンカレに提出され、その時のポンド相場はほぼ130フランであった。

モローの回想録における第5章「フランス銀行が外国為替市場を引き受ける」の前書きのところで「私はポンドを120-125フランの相場以下へのフランの価値回復が国民経済に非常に有害であるという結論に達してしまっていた」と述べている。したがって、モローの考えていた安定化水準は1ポンド＝120〜125フランであり、12月20日にポンド相場が120フラン以下に下がったので、彼が外国為替市場に介入することを引き受ける決断をしたのであろう。

さて、金の買い上げ価格の設定および外国為替相場との関係について若

75

表 2 − 5　月平均外国為替相場

	ポンド	ドル	ポンド指数	ドル指数
1926年9月	170.06	35.05	100	100
10月	165.56	34.14	97.3	97.4
11月	141.16	29.12	83.0	83.0
12月	122.86	25.32	72.2	72.2

出所：La France économique en 1926, R.É.P., 1927, p.374, 指数は私の計算。

干考察を加えておこう。まず金買い上げ価格についてみるならば、1926年9月27日の金買い上げ価格1グラム19.75フランは、戦前の1グラム3.44フランを100とすると、戦前対比で573.1となり、それは1926年9月の消費者物価指数573におおよそ等しい水準になっている。それ以後に順次引き下げていった金買い上げ価格については、表2−1における1グラム19.75フランを100とした金買い上げ指数と表2−5における外国為替相場の変動指数を比較すると、1926年10月11日の金買い上げ指数が97.3であり、1926年10月における平均外国為替相場の変動指数が97.3であるので、両者は対応しているとみることができよう。また11月8日の金買い上げ指数と11月平均の外国為替相場指数とはそれぞれ83.5および83.0であり、さらに12月16日の金買い上げ価格指数が70.8であり、12月平均の外国為替相場指数が72.2となっている。かくて金買い上げ価格の引き下げの程度は、外国為替の上昇にほぼ対応させていったように思われる。したがって、金買い上げ価格の設定については、最初の水準は消費者物価水準のところに定め、ついで外国為替の上昇と対応させて順次引き下げていったものと推定することができよう。

　つぎに外国為替相場の設定については、表2−6において、フランス工業製品卸売物価指数と食料品を除くイギリス卸売物価指数に基づく購買力平価により外国為替相場を算定しておいたが、それによれば、1926年11月の算定外国為替相場は1ポンド125.55フランであり、また12月の算定外国

第 2 章　安定化政策の過程

表 2 − 6　購買力平価による外国為替の算定

	戦前の外国為替の平価	フランス工業製品卸売物価指数	フランス消費者物価指数	イギリス非食料品卸売物価指数	購買力平価により算定された外国為替相場
戦　　前	25.211	100	100	100	
1926年11月		747	591	150.0	125.550
1926年12月		678	574	141.2	121.055
1927年 2 月		671	556	137.5	123.029
1927年 3 月		678	554	135.4	124.403
1928年 6 月		672	548	134.9	125.587

出所：1926年および1927年については、La France économique en 1927, R.É.P. 1928, p.411. 1928年については、La France économique en 1928, R.É.P. 1929, p.375. イギリス卸売物価指数については、Statistical Abstract for United Kingdom, No.71, p.191, No.72, p.194, No.73, p.198.

　為替相場は 1 ポンド121.05フランであるから、12月23日の外国為替の売買相場は 1 ポンド＝122.25フランは11月および12月の算定の中間に存し、12月の算定相場に近い水準であることがわかるであろう。また1927年 3 月 2 日に変更された外国為替の売り相場 1 ポンド124.02フランおよび買い相場 1 ポンド124.10についても同様に、同年 2 月の算定外国為替相場 1 ポンド123.02フランと 3 月の外国為替算定相場 1 ポンド124.40フランの間に位置することが明らかとなる。かくて外国為替相場の設定は購買力平価説に基づいて行われたものと推定することができよう。
　ソーヴィは1928年 6 月の時点で購買力平価に相当する外国為替相場をイギリス、アメリカおよびドイツの卸売物価指数および生計費指数に基づいてポンドとドルについて算定し、フランの安定化された水準よりも低く設定されたと以下の数字をあげている。

　　　　　　　指　　数　　　　　ポンド　　　　ドル
　　　　イギリスの卸売物価　　　114.5　　　　23.5

アメリカの卸売物価	117.0	24.0
ドイツの卸売物価	115.8	23.8
イギリスの生計費	115.8	17.2
アメリカの生計費	92.1	18.9
ドイツの生計費	91.5	18.8 [53]

　インフレーションという現象は価格標準の切り下げによる物価の騰貴であるが、その原因はフランスの場合には予算収支の不均衡、それに伴う国庫収支の不均衡に基づく過剰な通貨供給に求められる。したがって、そのインフレーションを収束させるためには、予算収支および国庫収支の均衡を達成して過剰な通貨供給の根源を断ち、価格標準を確定してそれを維持することが必要であった。

　ポアンカレは増税と支出の削減によって予算収支を超均衡化させ、浮動債を整理し、短中期債の長期公債化することによって国庫収支の当面の負担を軽減してその均衡を実現した。そして外国為替相場を通じて価格標準を確定し、それを維持することによってフランを安定させたのであった。確定された価格標準に基づいて実体経済は調整され、その後短期間ではあったが、貨幣価値安定のもとでフランス経済の束の間の発展がもたらされたのであった。

第 2 章　安定化政策の過程

【注】

(1) É.Bonnefous, t.4, op.cit., p.165 et p.167. É.Moreau, Souvenirs d un Gouverneur de la Banque de France, Édition M.-TH.Génin, Librairie de Médicis 1954, p.47.
(2) É.Bonnefous, op.cit., p.167.
(3) É.Bonnefous, op.cit., pp.168-9.
(4) La loi 3 du août 1926, Jour. Off., 4 août 1926, pp.8,786-90.
(5) Le Commentaire sur la lois du 3 août 1926, R.J.L.D., 11 Cahier, 4e Partie 1926, p.302.
(6) La loi du 7 août 1926, Jour. Off., 8 août 1926, p.8,987. M.Cavelier, Les Achats d'Or et Devises par la Banque de France, J.É., octobre, 1926, pp.209-215.
(7) La loi du 7 août 1926, Jour. Off., 8 août 1926, pp.8,986-7.
(8) La loi du 10 août 1926, Jour. Off., 11 août 1926, p.9,138.
(9) É.Moreau, op.cit., pp.105-6.
(10) R.Sédillot, op.cit., pp.272-3.
(11) É.Moreau, op.cit., p.112, p.118 et p.132-3.
(12) P.Frayssinet, op.cit., pp.223-5.
(13) É.Moreau, op.cit., p.166.
(14) É.Moreau, op.cit., p.174 et pp.178-180.
(15) É.Bonnefous, op.cit., p.184.
(16) É.Bonnefous, p.182. La France économique en 1926, R.É.P., p.304.
(17) É.Moreau, op.cit., p.104 et pp.129-30.
(18) P.Frayssinet, op.cit., p.257.
(19) P.Frayssinet, op.cit., pp.259-60.
(20) É.Moreau, op.cit., p.182.
(21) É.Moreau, op.cit., pp.181-2 et pp.185-7.
(22) É.Moreau, op.cit., pp.188-91.
(23) P.Frayssinet, op.cit., 231.
(24) É.Moreau, op.cit., p.193, p.196, et pp.216-7.

(25) É.Moreau, op.cit., p.221, p.224, p.226, p.232, pp.235-6 et pp.238-9. P.Frayssinet, op.cit., pp.266-7.
(26) É.Bonnefous, op.cit., pp.206-7. É.Moreau, op.cit., p.244, p.247, p.264, p.266, p.270, p.282 et p.286. P.Frayssinet, op.cit., p.266-7.
(27) É.Moreau, op.cit., p.306, pp.309-12, pp.314-5 et p.317.
(28) É.Moreau, op.cit., p.337, p.355 et pp.357-8. P.Frayssinet, op.cit., p. 248.
(29) A.Barriol, I.Brochu et A.Bernard, Obligation amortissables 6 P.100 1927 du Tresor public, J.É., juin 1927, pp.450-1. É.Moreau, op.cit., p.378. P.Frassinet, op.cit., p.243 et p.246.
(30) É.Moreau, op.cit., p.365, p.371, p.373 et pp.377-8. P.Frayssint, pp. 247-8.
(31) É.Moreau, op.cit., p.380, p.386, pp.390-1, p.394 et pp.400-1.
(32) É.Moreau, op.cit., p.403, p.410, p.420 et p.426.
(33) É.Moreau, op.cit., p.428, p.439, pp.444-5, p.462 et p.465.
(34) É.Moreau, op.cit., p.466, p.468, pp.470-3, p.478, p.480 et p.483.
(35) É.Moreau, op.cit., pp.483-4, pp.486-7, p.494, pp.497-8, pp.510-1 et p. 526.
(36) É.Moreau, op.cit., pp.553-4. La France économique en 1928, R.É.P. 1929, pp.408-9.
(37) La France économique en 1928, R.É.P., 1929, p.409.
(38) É.Moreau, op.cit., pp.540-1, p.543 et p.547. É.Bonnefous, op.cit., p. 252.
(39) É.Moreau, op.cit., pp.573-4, p.576, p.578, pp.580-1, p.583.
(40) É.Moreau, op.cit., pp.586-91 et p.593. R.Sédillot, op.cit., p.278.
(41) Lois monétaire, Jour. Off., 25 août 1928, pp.7,085-6.
(42) R.Poincaré, La Réforme monétaire, p.136. R.Sédillot, op.cit., pp.280-1.
(43) R.Sédillot, op.cit., p.280 et p.282.
(44) R.Poincaré, op.cit., p.141.

第2章 安定化政策の過程

(45) R.Sédillot, op.cit., pp.279-80.
(46) R.Sédillot, op.cit., p.282.
(47) Annexe, Jour. Off., 25 juin 1928, pp.7,086-7.
(48) R.Sédillot, op.cit., p.279.
(49) Le Rapport du Comité des Experts, Bulletin de Statistique et de Législation comparée du Ministère des Finances, juin 1926, p.1,089.
(50)(51) É.Moreau, op.cit., p.IX.
(52) É.Moreau, op.cit., p.146.
(53) A.Sauvy, op.cit., pp.96-7.

第3章
金本位制と大不況

フランスの金本位制は、1928年6月25日の貨幣法による復帰から1936年10月1日の貨幣法による金本位制の放棄に至るまで、8年3ヵ月にわたって維持された。この期間にフランス金本位制がどのような推移をたどったか、また金本位制の擁護のためにどのような政策がとられたか、という点に関心を持ちながら、たんに貨幣制度の観点からだけでなく、経済、政治の動きとの関連において考察がなされるであろう。

金本位制の全期間を金の流出入の観点からみると、1933年を転換点として2つの期間、すなわち金の流入期と金の流出期に分けることができる。前期は、大量の金がフランスに流入し、またフランス銀行の金準備も増加の一途をたどり、金本位制の基盤が極めて強固に見える時期であった。この時期においては、1929年10月にアメリカで勃発した大恐慌がヨーロッパ諸国に波及し、深刻な影響を与えた。この大恐慌の影響のなかでフランス経済の置かれた状況が金の大量流入をもたらした。それに反して、後期は、金の流出が進行し、またフランス銀行の金準備も減少したので、金本位制の弱体化の過程である。不況が深化するなかで、財政収支の不均衡、不安定な政治情勢およびデフレーション政策などが相互に関連しあって事態はますます悪化の一途をたどっていった。そして、人民戦線内閣の成立がさらに資本の不信感を抱かせることになり、この傾向に歯止めをかけることができず、事態の悪化をむしろ促進し、金本位制の放棄に追い込まれることになった。

第1節　金の流入と大恐慌

フランの法律上の安定が達成された後、フランス経済は金本位制のもとで順調な経済の発展をたどっていく。工業生産は堅実に上昇し続け、1930年前半にはほぼ最高の水準に維持されていた。後半には下落傾向をたどるが、下落の程度はわずか7％に過ぎなかった。救済受給失業者数は1929年

末まで順次低下して817名になり、1930年に入ると増加に転じ、同年12月には1万1,952人となった。しかし、未就業求職者は有業人口2,000万人に対して1930年平均で1万3,300人に過ぎなかった。物価についてみると、卸売物価は1929年3月に最高となった。農産物はそれ以前から、原料ついてはそのころから世界恐慌の影響を受けていたのであったが、その最高水準と対比して同年12月には10％の下落となり、1930年12月には24％とかなりの下落となった。しかしながら、消費者物価は1930年前半に若干の低落をともなったが、1930年12月には最高の水準に達している。

　フランス経済はこのような状態であったのに対して、1929年10月にアメリカで勃発した大恐慌によって、アメリカだけでなくヨーロッパ諸国もかなりの深刻な影響を受けていた。アメリカおよびドイツにおいては、工業生産は1929年6月に最高に達し、同年12月には6月に比して20％および13.5％の低下となった。また、1929年の失業者数は、ドイツにおいては177.5万人、イギリスにおいては134.4万人にもなっていた。そして、1930年には各国の経済活動がさらに低下したのであった。このような諸外国の経済状況は、当然フランスの貿易に影響を与え、1930年には輸入および輸出ともそれぞれ前年比12％および18％程度の減少となるのであるが、フランスの国内経済を見る限りにおいては、大恐慌の深刻な影響を受けて経済活動の急激な低落を経験していた諸国にとって、フランスはまさに《幸福な島》であった。

　フランの安定を完成させたポアンカレ内閣は、1928年11月に急進社会党

表3－1　貿易収支　　　　　　　　　　（100万フラン）

	1928	1929	1930	1931	1932	1933	1934	1935	1936
輸　入	56,429	60,822	53,433	42,601	30,235	28,794	23,397	21,075	25,788
輸　出	54,429	52,751	43,501	30,878	20,035	18,776	18,126	15,732	15,745
収支尻	－2,000	－8,071	－9,932	－11,723	－10,200	－10,018	－5,271	－5,271	－10,043

出所：A.Sauvy, op.cit., t.1, p.477, t.2, p.503.

の閣僚の辞任によって総辞職に追い込まれたが、ただちに第5次ポアンカレ内閣が成立する。与党は議席数においては減少したのであったが、政権は同質化した基盤に立脚し、さらに安定度を増すことになった。1929年7月には戦後の懸案事項で未解決であったアメリカおよびイギリスに対する債務の返済協定が議会で批准された(4)。しかし、その直後にポアンカレは病のために辞任し、政権は第11次ブリアン内閣に受け継がれていく。翌8月にはドイツ賠償問題について、ヤング案がハーグ会議で若干の修正を受けて国際的に承認された。かくて、ドイツの賠償義務は総額で370億金マルクに軽減され、37年間にわたって20億金マルクの年賦で支払われることになり、そして連合軍はラインラントから撤兵することになった。このような弱腰のブリアン外交に対する批判が高まり(5)、1929年10月には内閣が瓦解する。

　組閣を要請されたダラディエおよびクレメンテルは組閣の交渉を行ったけれども協力が得られず、内閣を成立させることができなかった。危機的な政治情勢となったが、3人目のタルデューがやっと組閣に成功した。タルデュー内閣は11月8日の施政演説のなかで繁栄政策を公表する。1926年度から1929―30年度にかけて超均衡財政がとられ、財政剰余金は蓄積されてかなりの金額に達していた。そこで、彼は、国庫の処分可能なこの準備金を使用し、5ヵ年計画で総額50億フランの資金を投下して国家施設を拡充する政策を企画した。また、それと同時に減税案も提案したのであった。下院では1930年度の予算案が審議されていたのであったが、タルデューは経済問題を優先させ、小麦の取引規制法案を、ついで砂糖の保護関税強化法案を議会で可決させ、そして国家施設拡充法案を提出した。この計画については、下院財政委員会は一般予算のなかに含めることを望んでいたが、彼はこれを特別会計で実施することを考えていた。下院で予算案の審議が続けられていたが、首相は上院に予算案を早くから審議することを義務づけることもなく、暫定予算を組むこともせずに、久しい以前から問題にな

っていた会計年度の開始を1月1日から4月1日繰り越す改革を決めた。しかし、減税だけは1月1日から実施するために、15億フランの減税法案を会期末までに議決することを議会に要求し、繰り越しの原則を使用して予算案の審議を1月1日以降やめてしまった。[6]

1930—31年度予算案をめぐって生じた議会と大蔵大臣シェロンとの衝突、彼の非妥協的な態度のなかでタルデュー内閣は崩壊した。[7]つぎに成立したショータン内閣は議会の信任を受けることができず、ふたたびタルデューが組閣することになる。大蔵大臣にはシェロンに代わってレイノーが、予算大臣にはマルタンが就任した。1930—31年度の予算案においては、公務員の俸給や年金の引き上げ、各種の減税など多くの恩恵が施されたが、タルデューの国家施設拡充計画の議論は延期されてしまった。[8]

さて、ポアンカレはかつて、1928年6月24日、議会における演説のなかで、「法律上の安定が布告される以降、フランス銀行は外国為替を金に転換することに関心を持つであろう。したがって、フランス銀行は直ちにそれをするであろう」[9]と述べていた。フランス銀行の保有する外国為替は、6月28日には265億フランであり、12月28日には326億フランになっている。かくて、それは約6ヵ月の間に61億フラン増加したことになり、その増加率は23％にもなった。それに対して、フランス銀行の金保有高は同期間に30億フラン増加したことになり、その増加率は10％であったが、そのうち約9.9億フランが外国為替の金への転換であり、20.5億フランが大衆によって退蔵されていた旧貨幣の購入である[10]といわれている。このような数字から判断する限り、1928年中にはフランス銀行が積極的に外国為替を金に転換したようにはみえない。急速に大量に転換を行わなかったことは、外国貨幣当局に対する配慮であったようにも思われる。

しかし、1928年末から1929年6月にかけて、フランス銀行は積極的に外国為替の金への転換を行った。外国為替の保有高は、1928年12月22日における327億フランから1929年6月21日に256億フランとなり、約70億フラン

第3章 金本位制と大不況

表3-2 フランス銀行の金保有高（月平均）（100万フラン）

	1928	1929	1930	1931	1932	1933	1934	1935	1936
1		33,592	42,676	54,561	70,360	82,409	77,178	81,996	65,912
2		34,022	42,924	55,788	73,618	81,453	75,037	81,923	65,322
3		34,086	42,614	56,099	76,309	80,951	74,188	82,523	65,725
4		34,850	42,342	55,980	77,221	80,798	75,168	81,332	62,828
5		36,542	43,220	55,627	78,842	80,928	76,834	77,809	58,158
6		36,614	43,944	56.256	81,222	81,167	78,920	70,816	54,509
7	29,540	36,849	44,706	57,081	82,335	81,630	79,909	71,269	54,682
8	30,925	38,558	46,281	58,560	82,211	82,121	80,978	71,645	54,755
9	30,528	39,127	47,781	58,766	82,488	82,222	82,184	71,971	52,630
10	30,730	39,845	50,113	62,208	82,720	81,714	82,428	72,065	62,159
11	31,053	40,566	51,538	67,670	83,230	79,468	82,167	69,232	64,359
12	31,793	41,359	53,028	68,271	83,222	77,105	81,198	66,102	60,359

出所：La France économique en 1929-1937, Le Marché monétaire et Les Changes, 1929-1937, R.É.P. 1929-1937のフランス銀行の週間状況の月平均表より作成。

表3-3 フランス銀行の外国為替保有高 （100万フラン）

	1928	1929	1930	1931	1932	1933	1934	1935	1936
1		30,977	25,751	26,388	19,047	4,188	907	740	1,314
2		30,207	25,685	26,283	16,359	4,145	855	739	1,389
3		29,352	25,654	26,274	12,843	4,120	836	774	1,290
4		28,122	25,631	26,281	12,088	3,732	834	867	1,294
5		26,300	25,566	26,152	10,048	3,613	832	1,139	1,366
6		25,792	25,527	26,147	7,461	3,718	912	979	1,582
7	29,157	25,785	25,755	25,708	5,885	3,747	935	996	1,277
8	30,925	25,795	25,755	26,403	5,153	2,653	907	1,016	1,244
9	31,561	25,802	25,574	24,993	4,829	2,404	793	1,066	1,319
10	32,261	25,834	25,585	25,665	4,725	2,387	713	1,036	1,472
11	32,467	25,865	25,690	23,483	4,648	1,375	716	1,096	1,453
12	32,866	25,948	25,995	22,368	4,437	961	740	1,108	1,445

出所：La France économique en 1929-1937, Le Marché monétaire et les Changes, R.É.P. 1929-1937におけるフランス銀行の週間状況の月平均表より作成。

の減少となっている。この減少のうち25億フランが外国為替の売渡であるので、45億フランの外国為替が金に転換された(11)ことになる。それ以後、1930年12月まで外国為替の保有高は、250億フラン台に維持されていく。1929年前半におけるこの転換を反映して、フランス銀行の金保有高は順次増加していく。セディョも指摘している(12)ように、フランス銀行の立場としては、金は金為替よりも安全であり、また一覧払債務に対する準備として計算される。さらに、1929年後半においては、国際収支の黒字が金の流入をもたらし、金準備を増加させ(13)、1929年末におけるフランス銀行の金保有高は417億フランとなった。

　1929年には産業の合理化および企業の集中が促進され、多額の資本投下が行われた。商工業活動の持続的発展ならびに競争の激化による信用の長期化は、国内の資金需要の増加となって表れたが、それはフランス銀行の割引きによって供給され、銀行券発行高も増加している(14)。フランス銀行の資産負債週刊報告書によれば、割引商業手形は1929年1月11日の41億2,000万フランから同年11月29日には107億7,000万フランに増加している。1928年夏以来アメリカにおける株式投機のための資金需要の増大と高金利によって、ヨーロッパからアメリカへ資本の還流や流出が生じていたのであったが(15)、1929年10月に勃発した株式恐慌の結果、世界的な証券取引の縮小は、利用されなくなった多量の資金が放出され、利子率の低下をもたらした。このような国際的な金融緩和とともに、フランス国内においては、国防債券および国庫債券の償還が行われ、また国庫の支払い超過もあって、多量の資金が市場に放出された。さらに、金融および商工業の両面から資金需要に限界が表れてきたこともあって、金融市場における資金は極めて潤沢となり、資金の需給関係を反映して市中金利が低下の傾向をたどった。短期利子率は、1929年10月の3.53％から1930年1月には3.28％、4月には2.50％へと次第に低下した。このような市中における豊富な資金は、フランス銀行の割引きへの依存度を減少させ、それを1929年11月における97億フラ

第3章 金本位制と大不況

表3-4 短期利子率*

	1930	1931	1932	1933	1934	1935	1936
1	3.28	$1\frac{7}{8}$ - 2	$2\frac{1}{4}$ - $2\frac{3}{8}$	2	$2\frac{1}{2}$	$2\frac{1}{2}$	4 - 5
2	2.81	$1\frac{11}{16}$ - $1\frac{15}{16}$	$2\frac{1}{4}$ - $2\frac{3}{8}$	2 - $2\frac{1}{2}$	$2\frac{1}{2}$ - 3	$2\frac{1}{2}$	$3\frac{3}{4}$ - $4\frac{1}{4}$
3	2.56	$1\frac{1}{2}$ - $1\frac{11}{16}$	$2\frac{1}{4}$ - $2\frac{3}{8}$	$2\frac{1}{4}$ - $2\frac{1}{2}$	3	$2\frac{1}{2}$	$3\frac{3}{4}$
4	2.50	$1\frac{1}{2}$ - $1\frac{5}{8}$	2	$2\frac{1}{4}$ - $2\frac{1}{2}$	3	$2\frac{1}{2}$	$3\frac{3}{4}$
5	2.41	$1\frac{1}{8}$ - $1\frac{7}{16}$	$1\frac{1}{2}$ - 2	$2\frac{1}{4}$ - $2\frac{1}{2}$	$2\frac{1}{2}$ - 3	$2\frac{1}{2}$	6 - $6\frac{1}{4}$
6	2.06	$1\frac{1}{8}$ - $1\frac{1}{4}$	$1\frac{1}{2}$ - 2	$2\frac{1}{4}$ - $2\frac{1}{2}$	$2\frac{1}{4}$ - $2\frac{1}{2}$	$2\frac{1}{2}$	4 - $6\frac{1}{4}$
7	2.11	$1\frac{1}{8}$ - $1\frac{1}{2}$	$1\frac{1}{2}$ - 2	2 - $2\frac{1}{2}$	$2\frac{1}{2}$	$2\frac{1}{2}$	3 - $4\frac{1}{4}$
8	2.04	$1\frac{1}{2}$ - $1\frac{5}{8}$	$1\frac{1}{2}$ - 2	2 - $2\frac{1}{2}$	$2\frac{1}{2}$	$2\frac{7}{8}$ - 3	3 - $4\frac{1}{4}$
9	2	$1\frac{3}{8}$ - $1\frac{5}{8}$	$1\frac{1}{2}$ - 2	$1\frac{1}{2}$ - $2\frac{1}{2}$	$2\frac{1}{2}$	$2\frac{7}{8}$ - 3	3 - $4\frac{1}{4}$
10	2	$1\frac{5}{8}$ - $1\frac{1}{8}$	$1\frac{1}{2}$ - 2	$1\frac{1}{2}$ - 2	$2\frac{1}{2}$	3	3 - $4\frac{1}{4}$
11	2	2 - $2\frac{1}{4}$	$1\frac{1}{2}$ - 2	$1\frac{1}{2}$ - 2	$2\frac{1}{2}$	3 - 6	3 - $4\frac{1}{4}$
12	2.06	$2\frac{1}{4}$ - $2\frac{3}{8}$	$1\frac{1}{2}$ - 2	$2\frac{1}{2}$	$2\frac{1}{2}$	6	3 - $4\frac{1}{4}$

＊銀行の商業手形割引利率。
出所：La France économique en 1930-1937, Le Marché monétaire et Changes, R.É.P. 1931-1937の自由市場における利子率表より作成。

ンから1930年4月における50億フランにまで低下させた。[16]

このような金融市場の状況の下で、フランス銀行は市中金利の一般的低下に対応して公定歩合を引き下げざるをえなくなった。1930年1月30日には割引利率が3.5%から3%へ、証券担保貸付利率が5.5%から4.5%へ引き下げられた。ついで、5月1日には割引利率がふたたび2.5%に変更された。[17]

関税統計によれば、金の流入は1929年には86億フランであったが、1930年にはさらに増加して117億フランとなった。また、フランス銀行の金保有高も1930年中増加の一途をたどり、1929年12月24日における417億フランから1930年12月26日には536億フランに達し、一覧払債務に対する金準備率は47%から53%に増強された。[18] フランス金本位制の基盤はますます強固なものになった。しかし、経済活動の下降への兆候はすでに1930年中には表れていた。若干の指標をあげるならば、投資38.5%、証券相場25%、

表3−5　金の輸出入（1）　　　　　（100万フラン）

	1929		1930		1931		1932	
	輸入	輸出	輸入	輸出	輸入	輸出	輸入	輸出
イギリス	3,403	45	6,949	38	7,937	126	6,867	2
ドイツ	3,405	—	2,123	463	2,320	—	401	4
ベルギー	2	—	23	5	51	97	121	869
オランダ	—	—	317	7	793	274	805	101
スイス	—	1	3	28	13	2,055	283	500
アメリカ	1,242	—	2,399	—	8,264	430	11,374	278
エジプト	31	—	44	—	126	—	19	—
フランス植民地	15	—	8	—	59	—	46	—
その他諸国	10	25	12	1	58	18	646	105
地金合計	8,108	71	11,879	542	19,621	3,001	20,561	1,858
貨幣	583	14	440	36	2,169	213	2,991	570
総合計	8,691	85	21,319	578	21,790	3,214	23,552	2,428

出所：La France économique en 1932, R.É.P., 1933, pp.705-6.

原料輸入22％、工業原料の卸売価格19％とそれぞれ1年間に低下している[19]。大恐慌の影響はフランス経済にも波及してきており、やがてその影響は顕著に表れてくることになる。

　農業については、1929年には小麦が極めて豊作になり、世界の可処分額にフランスの小麦が加わることになり、価格は急激に下落した。1キンタル（100kg）当たりの価格は1929年7月の161.50フランから8月には139フラン、そして1930年1月には131フランにまで低落した。政府は農業者保護のために小麦の関税率の引き上げを1929年5月27日と1930年5月19日の政令で2回実施した。この関税率の引き上げに続いて農産物の輸入割当制が採用され、さらに国内市場の組織化も行われていく。不況の深化につれて農産物だけでなく、工業製品についても、関税の強化と輸入の割当制が採用されていくことになる[20]。

　1930年11月、歴史の古い地方銀行であるアダム銀行が支払い不能になり、

第3章　金本位制と大不況

破産した。政府はこれに無関心でいられず、再建させようと努力したが、銀行と法務大臣ペレとの関係が問題となり、第二次タルデュー内閣は崩壊する。短期間のステーグ内閣を経て、1931年1月から1932年2月までラヴァルが政権を担当する。1931—32年予算案は、議決されたときには超均衡予算であって4億フランの黒字を計上したのであったが、大恐慌の影響は次第にフランス経済全般に及んできている結果、租税収入の減少が予想され、かなりの経費節減が可能にならない限り、予算収支が赤字になることは予想された。しかし、ドイツの賠償金支払いの中止は予算収支の均衡を不可能にした重大な一要因となった。[21]

　1931年には、大恐慌が世界的に深化、拡大していくなかで、多くの経済的事件が継起した。すなわち、5月にはオーストリアのクレジット・アンシュタルトの破産、6月にはフーバー・モラトリアム、7月にはドイツのパニックと取引所の閉鎖、その後の外国為替管理の導入、9月にはイギリスの金本位制放棄とポンドの平価切り下げへと続いた。[22]

　1931年における金の輸出入についてみれば、前年に比して大幅に増加した動きが生じた。輸入が217億フランであり、輸出が32億フランであるから、金の流入は184億フランであった。これを四半期ごとに検討してみると、第1四半期には、とくに1月初旬にかなりの輸入があったが、これは

表3-6　1931年の金輸出入　　　　（100万フラン）

	輸　入			輸　出		
	地　金	貨　幣	合　計	地　金	貨　幣	合　計
第1四半期	2,911	36	2,947	4	20	24
第2四半期	111	126	237	709	9	718
第3四半期	5,061	958	6,019	337	3	340
第4四半期	11,538	1,038	12,576	1,941	181	2,122
総　計	19,621	2,158	21,779	2,991	213	3,204

出所：La France économique en 1931, R.É.P., 1932, p.641.

南アフリカの金の先物取引についての決済から生じた。これに反して、第2四半期には平静に戻って、輸入よりも輸出が多く、4.8億フランの流出が生じたのである。6月以降には中央ヨーロッパにおける銀行恐慌の勃発を契機に急激な反転が生じた。輸入は急激に増加し、第3四半期には60億フラン、第4四半期には125億フランとなった。なお、第4四半期に輸出が21億フランに急増しているのは、スイス、オランダおよび他のヨーロッパ諸国がパリ市場でポンドとドルを売ってフランに換え、金を購入した結果である。(23)

フランス銀行の金・外貨準備は、月平均で見ると、1931年11月まで漸増して911億フランに達し、12月以降減少傾向に変化する。したがって、この時期が一つの転換点と見ることができよう。しかし、金保有高は依然として1931年から1932年にかけて増加し続け、それに反して、外国為替保有高は1931年11月から次第に減少していくので、フランス銀行は外国為替を金に転換する操作を行っていったとみることができよう。

フランス銀行は、1931年1月2日、割引利率を2.5%から2%に引き下げた。この措置はロンドンおよびニューヨークにおける公定歩合引き下げに対応したものであった。なお、5月にもイギリスおよびアメリカにおいて再び公定歩合の引き下げが行われたが、この時にはフランス銀行はこれに追従しなかった。市中の短期利子率が低落し、昨年来、極端な低金利の時期となっていたが、その時期は長くは続かなかった。特に1931年に勃発した銀行恐慌は銀行をして流動性を強化させ、信用供与を慎重ならしめたので、その結果、金融市場においては信用の全般的な収縮が生じた。また、ドイツの事態やポンドの平価切り下げに対応して近隣諸国の中央銀行が公定歩合を引き上げたので、フランス銀行は10月9日に割引利率を2%から2.5%へ引き上げた。(24)

大恐慌の影響は1931年にはフランス経済に明白に表れてきた。工業生産および物価の低下が顕著になり、失業者も増加した。とくに1932年の初め

第3章　金本位制と大不況

には、季節的な影響も加わって失業者はかなりの増加となり、政治問題化したほどであった。このような経済状態はフランス銀行の取り引きにも反映されている。手形の割引きは1931年1月の80億フランから7月には45億フランに減少し、一時的に8～9月には急激な増加をみたが、それ以降は減少の一途をたどった。銀行券発行高は1931年1月の777億フランから1932年1月の842億フランにまで増加した。さらに顕著な変化は当座預金勘定および預金に表れた。1930年12月には101億フランであったが、1932年4月には244億フランに達し、その間に2.4倍にもなった。これらの変化は、事業活動の不振によって資金需要が減退した結果として、市中金融機関に短期流動資金が過剰になり、フランス銀行に依存する必要性が少なくなったこと、また恐慌の深化によって信用取引が縮小し、現金需要が増加したこと、の表れとみることができよう。

　かつてタルデューが提唱した国家施設拡充計画は、国庫の余剰資金の有効利用のためではなく、経済活動を刺激し、失業者を救済するために、ラヴァル内閣によって実施に移された。しかし、景気はますます悪化し、経済活動の縮小によって租税収入は著しく減少したのに反して、支出のほうは従来約束した諸施策のために減少せず、1931―32年度の当初予算で200万フランの黒字を計上していたが、予算の執行上では収支を均衡させることはまったく不可能になり、54億フランを上回る赤字となった。政府は、次年度の予算編成にあたって、予想される収入の減少と支出の増加を考慮すれば、収支を均衡させるために40億フランの財源を確保しなければならなかった。しかし、その財源を見出すことは極めて困難であった。政府は会計年度の期間を1932年4月から12月までとして9ヵ月予算を編成するなどの便法を講ずることによって1932年度予算案を均衡させたが、その予算は執行の当初から収支の均衡が危ぶまれていたのであった。

　ラヴァルは新選挙法をめぐる信任投票に敗れて退陣し、1932年2月には第三次タルデュー内閣が成立した。しかし、5月に行われた総選挙によっ

95

て左派連合が勝利をおさめ、1932年3月には第三次エリオ内閣に代わった。この内閣の下で最初の財政再建案が作成されて7月1日に下院に提出された。それは支出の抑制と租税の調整によって約40億フランを捻出する努力を含むものであった。けれども、その再建案は下院において原案通りに承認されず、変更と修正が加えられ、7月15日の法によって21.5億フランの寄与を財政再建に果たすことになった。さらに、予算を均衡させる政府の努力が続き、9月17日の公債利子引き下げ法によって15億フランの節約を可能にし、また11月7日には独立償還金庫に与えていた銀貨鋳造収益を同金庫に放棄させて国庫収入とし、そのうえ、予算に計上されていた償還金を同金庫に負担させることによって収支を均衡させ、11月になって1933年度予算を議会に提出した。(31)

　しかし、1932年12月、アメリカに対する戦債の支払い期限が到来し、その支払い問題をめぐってエリオ内閣は辞職し、提出された予算案は議会で可決されることなく、ポール・ボンクール内閣と交代する。大蔵大臣シェロンは専門家委員会を設置し、当面の困難な財政状態を説明して財政再建案の作成を依頼した。専門委員会は1933年1月18日に答申を行った。委員会の答申案は夏から経済回復の兆しが出てきたが、それが財政問題の解決につながるとは考えず、またこの回復を促進するために財政から介入することは適切でないと判断し、財政困難を克服するためには節約と追加の財源に求めなければならないと判断した。節約による支出の抑制には終身年金債、公務員の俸給および諸手当の引き下げ等で53億2,500万フラン、追加財源として間接税の引き上げ、税の免除および減税の廃止等によって53億5,800万フランを生み出すことを求めていた。シェロンは2月の暫定予算の枠内で財政再建案の検討を下院に委ねたが、それは下院財政委員会では受け入れられなかった。社会主義者の側から対案が提出され、ブルムは不況期にはデフレーションではなく、大規模土木事業金庫を創設し、地方公共団体の要望をうけ処理すべきであると主張した。財政委員会案もこ

れに類似した案になり、1月末にはポール・ボンクール内閣は辞任する。[32]

つぎのダラディエ内閣は、支出の節約と租税および収入の調整を行い、新たに種々の財源や特別財源を要求する3ヵ月暫定予算案を2月7日に下院に提出した。財政委員会において調整が行われ、暫定予算案と特別措置は2月28日から3月1日にかけて議決された。しかし、1933年度予算案については、年金の引き下げなどによる支出の削減、コーヒー関税の引き上げや相続税の改定などによる収入増が図られたが、予算の均衡達成することは不可能であった。政府は予算収支を均衡させることを断念して予算案を議会に提出する。両院の財政委員会においては、この予算案をめぐって長い議論が行われ、厳しい対立もあったが、困難な状況のもとで調整と妥協がなされ、予算案はやっと6月1日に議会で可決された。この予算案は収入が456億4,600万フラン、支出が504億8,700万フランであり、48億フランの赤字を含むものであったが、2月28日の法および財政法そのものを適用して予算額を12億1,600万フランほど削減しなければならなくなっていたので、不足額は36億2,500万フランになるはずであった。[33] 財政状態はますます深刻化していくことになった。

1932年における金の流入およびフランス銀行の金・外貨準備は、ほぼ前年の延長線上にあるといえよう。金の輸入はさらに増加し、235億フランに達したが、輸出は前年に比して10億フランほど減少している。とくに注目すべき点は、金地金輸入のうちでアメリカからの輸入分が全体の55%を示していることである。しかし、1933年に入ると一転して金の輸出は急激に増加する。[34] これに反して、同行の金保有高はさらに増加を続けたが、11月から12月にかけて最高の水準に達し、そして1933年には若干の増減を繰り返しながら低下傾向をたどるようになる。

さて、工業生産は、すでに述べたように、1930年中頃から徐々に低下傾向をたどってきたのであるが、1932年6月頃から上昇に転じ、年末には6%、1933年には18%にまで増加した。また平均労働時間も徐々に回復し、

パリ地域における金属産業の平均時間賃金は1932年第2四半期の5.46フランから1933年第3四半期の5.59フランに上昇している。また積載貨車の数量が1932年8月を最低にして増加に転じている。貿易については、輸出は9月以降立ち直りを見せ、輸入については遅れていたが、工業生産との関連で原料輸入は確実に上昇している。パリ手形交換所における手形交換高も10月以降には対前年比で増加になったので、不況の底から抜け出したかの印象が見られたのであったが、しかし、救済失業者は増加し続けていた。(35) 1932年10月末には24万7,592人であったが、1933年1月7日には28万4,349人になり、2月4日には32万3,900人、2月11日には32万6,340人になった。1週間に2,440人の増加であった。また農業については、1932年にとられた措置にもかかわらず、さしたる効果は表れず、恐慌状態は依然として続いていた。(36) この回復傾向は一時的で景気の上昇にはならなかった。そして、1933年中頃から景気の反転が生ずるのであった。

外国為替市場においては、1932年12月以降、ポンド相場が上昇し、また種々の金貨幣の価格も上昇し、とくにドル相場が相対的に低下する事態が表れた。イギリスの外国為替平衡資金はポンドの上昇を抑制するために、パリおよびニューヨークでポンドを売って金および外国為替を購入する操作を行い、1933年2月末には資金を使い尽くすほどであった。(37) アメリカにおいては銀行恐慌が勃発し、3月3日には銀行閉鎖が各地で起こり、その結果、一時的に金輸出禁止の措置がとられた。4月に入って金輸出が再開されたが、それは極めて短期間に過ぎなかった。4月19日にはアメリカの金本位制が停止され、事実上、ドルの平価切り下げが実施された。世界貨幣恐慌は1933年前半期に頂点に達したのであった。(38)

第2節　金の流出とデフレーション

アメリカの金本位制放棄に伴って、外国為替市場におけるドル相場が低

落し、その影響を受けたポンド相場もまた下落した。世界経済の動揺のなかで世界経済会議が1933年6月12日にロンドンで開催されたのであった。「この会議の目的は、各国政府の経済政策の調和になければならない。そのために3つの問題が解決されなければならなかった。貨幣問題、労働および交易機構の問題、『秩序ある着実な拡大』の問題である。とくに、フランスは大原則を持っていた。『金本位制のゲームは自由にされていなければならない。われわれは世界に金を人為的に再配分する理論に反対である。』そして、次のように結論づけた。『……われわれは諸国民の協力を確保するためにあらゆる努力を尽くしたのちに、経済的孤立を甘受しうるにすぎないであろう』」と。

しかし、世界経済会議は、フランスの意図する方向では進展せず、またなかなか意見の一致を見るに至らず、とくに貨幣問題に関しては、各国相互の間に利害の対立があってその接点を見出すことは極めて困難であった。イギリスの立場は政治的債務が金本位制の機能の仕方に重圧となる恐れがある限り、金本位制に復帰することはあまり意味がなく、現状の貨幣制度を維持することが望ましかった。アメリカは恐慌によって債務者、特に農業者を破産させた暴落した価格を1926年の価格水準まで引き上げることが必要であり、そのためにはドルの平価切り下げを実施しなければならないという立場であった。フランスは、すでに述べたように、恐慌を克服し経済を安定させるためには、国際金本位制の再建がぜひとも必要であるという立場であった。会議の期間中決定を延期されていた外国為替平価が86フラン＝1ポンド＝4ドルの水準で提案されたが、この水準はアメリカ側にとっては高すぎ、受け入れがたいものであった。

アメリカ国務長官ハルがロンドンの報道機関に渡したルーズベルト大統領の書簡のなかから必要な箇所を述べておこう。すなわち、「世界の人々は、いくつかの大国のみの利益のために決められた仮の、そしておそらく人為的な安定が長く続くであろうというもったいぶった幻想をいつまでも

信じ込まされたままにはなっていないであろう。外国為替相場よりは国内経済組織の均衡のほうが幸福感のより大きな要因である。……外国為替の相場を古びた物心崇拝およびいわゆる国際銀行家の対象とするのではなく、世代を越えて、外国為替相場に商品および現代文明の必要と比して著しく相違のない購買力を与えるように努力がなされなければならない。負債を決済するために、われわれが近い将来に決めるであろう外国為替相場と同じ購買力および同じ価値のあるドルをアメリカが求めていると率直に言うことをお許しください」[42]。

　世界経済会議は7月3日に休会となった。この会議の開催中の7月3日に、フランスは、オランダ、ベルギーおよびスイスとともに金本位制を維持していく意向を宣言した。「外国為替と金を連結させている諸政府は、現行金平価の維持が国際的利益になるという確信において、各国政府のそれぞれの法に応じて金本位制の自由な作用を維持していくつもりであることを確認する」。そして、7月8日には、関係4ヵ国中央銀行代表にイタリアおよびポーランドの中央銀行代表が加わり、フランス銀行において先の政府声明に実効ある措置を講ずるために会議が開かれた。会議終了後、コミュニケが発表された。「意見の交換は、現行平価による金本位制の完全な維持のためになされた政府声明に実際的な万全な効果を与える方策について完全な合意に達した。代表を派遣した各国中央銀行は、会議のなかで決められた条項の技術的協定を直ちに適用する」[43]と。そして、加盟国の中央銀行は金本位制と各国貨幣を守るために共同行動をとることを決めた。外国為替の投機が起こった場合には、銀行は援助することに同意し、中央銀行と一緒になって信用政策を行わなければならない。また、各中央銀行は自国の市場で外国為替相場を絶えず監視し、その変化が生じた場合には当該銀行とともにその銀行のために外国為替市場に介入しなければならない[44]。

　さらに、金ブロックを形成した諸国は最恵的経済体制を構築するために、

また経済および金融の協力を行うために9月24日と25日にジュネーブに集まった。この委員会では貿易の拡大と観光および運輸の発展を進めていくことが決められた。また、10月19日にはブリュッセルで会合が開かれたが、その時には各国の関心事がそれぞれに異なっていた。ある国では農産物の輸出を、他の国では工業製品の販売を、それ以外の国では貨幣管理、金準備の大きさを心配している状況であった。けれども、この会合では域内で貿易を10％拡大する決定がなされたのであったが、その計画を実施することは難しかった。かくてその後、この金ブロックは、効果的な拘束力を持つ規制措置がとられなかったこともあって、破棄の通告すらなされることなく、各国が脱落し、崩壊していくのであった。

　1933年中頃になると、一時的に回復してきていたフランスの景気も反転し、経済活動は下降線をたどり始める。工業生産は6月の91から次第に下落し、卸売物価も7月の397から低下傾向を示している。6月1日に議会で可決された1933年度予算案は、このような景気の下降のなかで、支出が予想を44.5億フランほども上回り、収入が予想を22.1億フランほど下回るという厳しい状況となり、公債発行残高は年間を通じて175億フラン増加する結果となった。

　フランスの政局は、すでに1932年頃から不安定になってきていたが、財政再建のための増税問題をめぐって対立が激化し、ますます不安定になった。1933年10月、ダラディエ内閣は、公務員の給与および年金引き下げ案に対する社会主義者たちの反対にあい、その局面を打開することができずに辞職した。ついで組閣したサロー内閣も議会で同様の反対にあい、1ヵ月も経ることなく瓦解した。かくて1932年12月に第三次エリオ内閣が辞任して以来、この1年間に4つの内閣が財政問題によって辞職に追い込まれたのであった。さらに、1934年1月にはスタヴィスキー事件が発覚し、それに一閣僚と有力な政治家がその事件にかかわりを持っていたことが判明し、右翼の示威運動にまで発展する。そして、1934年2月6日にはパリで

暴動が勃発した。このような社会的混乱のなかで、ショータンおよびダラディエの第二次内閣は相次いで辞職し、ついてドゥーメルグが挙国一致内閣を組織して政権を担当することになる。2月12日には左翼政党および労働組合によるデモとゼネストが敢行された(49)。

　社会的混乱、政治的危機および不況の深化のなかで、当然の結果として資本の外国への流出が増加した。資本の流出は1934年2月および3月に80億フランないし90億フランに達したと推定されている(50)。また国内では、貨幣の退蔵が再燃し、かなりの金額に上ったといわれている。このような状況の下で、金融市場では資金が逼迫し、利子率の上昇とフランス銀行の手形割引の増加を引き起こし、国庫も必要な資金を調達するのに困難を感ずるほどであった。この事態に対応してフランス銀行は2月9日に割引利率を2.5％から3％へ引き上げた(51)。

　1934年予算案は、ドゥーメルグ内閣の下で赤字幅を縮小する努力がなされた後、2月28日に議会で可決された。赤字幅は約19億フランであったが、それは、今後政令による支出削減が実施されるならば、7億フラン程度に減少する予定であった。内閣に対する信頼が回復してくるにつれて、事態の推移に変化が生じてきた。社会情勢が平静に戻り、政治的緊張も緩和してきたので、政府は財政健全化のための措置をとることが可能になり、また資本移動の流れも反転した。かくて、4月4日および14日の政令によって一連の支出削減措置がとられたのであった。すなわち、すべての省で人件費10％の節約、公務員給与の5％削減、公務員退職年金の改正、戦争年金および軍人年金の一時的な3％天引きであった。これらの措置については、在郷軍人および公務員の側から激しい反対や抵抗もあったが、それが社会問題化して政治的混乱を引き起こすほどにはならなかった。それに加えてさらに、政府は5月末に税制改正を議会に提案し、これも7月5日に議決された(52)。

　6月1日、フランス銀行は割引利率を3％から2.5％に引き下げた。デフ

第3章　金本位制と大不況

表3－7　金の輸出入（2）　　　　（100万フラン）

	1933		1934		1935		1936＊	
	輸 入	輸 出	輸 入	輸 出	輸 入	輸 出	輸 入	輸 出
イギリス	1,029	2,947	1,071	6,376	3,920	5,730	413	8,979
ドイツ	2,419	479	469	1	35	239	71	—
ベルキー	37	830	27	308	1,117	3,937	404	1,743
オランダ	2,927	2,041	1,402	272	626	307	51	1,334
スイス	3,303	3,245	834	874	3,181	3,181	901	1,345
アメリカ	6,196	918	757	4,327	75	13,795	287	8,645
イタリア	—	—	—	—	3,037	90	828	31
スペイン	—	—	—	—	—	—	1,031	—
フランス植民地	92	1	107	18	—	—	—	—
その他諸国	1,524	839	1,949	579	621	321	249	167
合　計	17,528	11,301	6,616	12,755	12,612	24,939	4,239	22,246

＊1936年は9月まで。
出所：La France économique en 1933-36, R.É.P., 1934, p.575. 1935, p.663. 1936, p. 684. 1937, p.614. より作成。

レーションか平価切り下げか、という政策の選択問題は、すでに2月の段階で下院において提起されていたのであったが、6月末、その議論が再び下院で持ち上がった。レイノーは、平価切り下げ国と金平価維持国との経済状態を比較し、前者の経済が回復してきているのに、後者が景気の沈滞に苦しんでいることを指摘し、平価切り下げの提案を正式には行わなかったが、政府の政策が物価水準の維持、あるいは物価上昇におかれなければならないのに、現実の政策が反対方向にあることを指摘し、そして彼は、望ましいことではないが、2年来実施されてきた政策の帰結が平価切り下げを余儀なくさせるであろうと予言した。これに対して、大蔵大臣マルタンはあらゆる平価切り下げに反対する。彼の反対理由は、一方では平価切り下げが物価の上昇を引き起こすという現実的立場からであり、他方では平価切り下げが神聖な契約の破棄であり、破産であるという理想主義的な、かつ道徳的な立場からであった。(53)

ドゥーメルグ内閣は、9月末、近年になく早く1934年予算案を議会に提出した。しかし、内戦の不安が解消し、景気の後退がますます深刻化していくにつれて、政府に対する信頼は次第に失われてきた。憲法改正案に反対する急進社会党の閣僚引き揚げによって、ドゥーメルグ内閣は1934年11月に辞職する。ついで、政権はフランダンに受け継がれるが、大蔵大臣には引き続きマルタンが任命されたので、政府の政策は、平価切り下げではなく、デフレーションの道を歩むことになる(54)。

　フランス経済はさらに悪化する。工業生産は1934年を通じて低下し続け、1935年4月には最低の水準になる。救済受給失業者は1935年2月に最高を記録し、卸売物価および消費者物価は1934年から1935年にかけてさらに下落し、1935年7月および8月にそれぞれ最低水準に達している。したがって、アメリカやイギリスなどの経済が1933年を不況の底としてそれ以後やや上向きに転じているのに、それとは異なった動向をフランス経済がたどったのであった。

　金の輸出入については、1934年には初めて輸出超過となった。輸入が66.1億フラン、輸出が127.5億フランであったので、輸出超過は61.4億フランにもなった。国別輸出額はイギリス63.7億フラン、アメリカ43.2億フランと圧倒的に大きく、国別輸入額ではオランダ14億フラン、イギリス10.7億フラン、スイス8.3億フランの順になっている。この数字から見てもわかるように、アメリカ、イギリスおよびフランスという主要な金センター間にかなりの額の金移動が行われたことが推測される(55)。つぎに、フランス銀行の金保有高について月平均の推移を見れば、1933年10月から減少傾向となり、1934年の政治的、社会的混乱による金流出の影響を受け、同年3月には742億フランにまで減少したが、その後、政治的緊張が緩和されるとともに、金保有高も増加し、10月には824億フランにまで回復している。

　1934年12月23日、1935年予算案が議会で可決された。収入469.9億フラン、支出478.1億フランであって、差し引き不足額は8億フラン余りであ

ったが、現実には赤字額はそれ以上に増加しそうな状況であった。(56)したがって、財政的困難は依然として打開されなかった。この不足財源を確保するために、政府は国庫債券の発行限度額を50億フラン引き上げる法案を議会に提出し、その法案は1935年1月25日に可決され、その発行限度額は150億フランとなった。さらに2月21日には、政府はフランス銀行に国庫債券の割引きを行うことを受諾させた。このことは間接的方法でインフレーションへの道を開く結果となるであろうから、財政収支を均衡させ、デフレーションによってフランス物価を国際物価水準まで引き下げる政策とはまったく矛盾した、極めて奇妙な現象であった。(57)しかし、政策の現実的矛盾がかかる措置を必要としたのであった。

1935年1月、金約款に関する議論がアメリカで突然行われ、ドルの投機的上昇が生じたが、2月18日にアメリカの最高裁判所が金約款無効の判決を下すと、ドルは一転して下落した。この影響を受けてロンドン市場でも投機的動きが表れ、ポンドもまた下落した。さらに、スイスにおける預金を移転させる動きやベルガの平価切り下げの憶測に基づき、両国から資本の流出が生じた。これら諸国の動揺に対比してフランスの状態が政治的にも貨幣的にも比較的平静であったので、フランは避難貨幣として選ばれ、外国資本はフランスに流入してきた。そのために当時の金融市場には資本が極めて豊富になり、かなりの資金余力が生ずるほどであった。また、フランス銀行の金保有高も3月29日には826億フランにまでなった。(58)

しかし、3月28日にベルギーで実施された平価切り下げは状況を一変させた。3月31日以降、多額の資本がブリュッセルに移動し、それまでの資本の流れは逆転してフランスからの流出に変わった。それに加えて、5月の地方選挙では左翼の共同戦線派が各地で進出し、その結果、財政、公信用、およびフランに関する将来の見通しに不安が感じられるようになり、資本の流出と金の流出がさらに激化した。資本の流出は、1935年3月から1936年4月までの13ヵ月間に、250億フランないし270億フランにも達した

といわれている。また、金の流出は、5月10日から17日までの1週間に5億2,100万フラン、つぎの1週間には31億6,600万フラン、さらに5月の最後の週には48億1,700万フランにもなった。また、フランス銀行の金保有高は、4月には20億フラン、5月には100億フランも減少した。このような状態はまさにフラン危機の勃発であった。

フランス銀行は、この事態に対処するために5月23日には割引利率を2.5％から3％へ、25日にはさらに4％に引き上げ、また、28日には割引利率を6％へ、証券担保貸付利率を4.5％から6.5％に引き上げた。大量の資本流出にともない、金融市場においては資金の逼迫が生じ、国庫は経常支出の不足金を調達するために浮動債に頼り、同時に国庫債券のフランス銀行割引に頼らざるをえなかった。財政状態はますます悪化していった。フランダン内閣は、この危機を乗り切るために、5月28日に再開された下院に《拡大権限》の委任を求めた。しかし、フランダンの説得と懇願にもかかわらず、この法案は否決され、フランダン内閣は総辞職に追い込まれた。

ついでブイソンが組閣し、デフレーション政策の計画に関する全権委任を取り付けようと努力したが、この法案は下院で否決され、ブイソン内閣は辞任に追い込まれた。数日間の政治的空白の後に、第四次ラヴァル内閣が成立する。ラヴァルはフラン防衛と投機に対処するために、政府に特別権限を付与する法案を議会に提出した。この法案は下院で6月7日に、上院では6月8日に可決成立した。この法によって、政府は、10月31日以前に、この目的のために法に準ずる政令で種々の対応措置を講ずることができるようになった。

ラヴァル内閣の成立によって政治的小康状態が保たれ、フランス銀行の金保有高も一時的に増加への傾向に転じ、政令法によってデフレーション政策が実施されていくなかで、フランス銀行は公定歩合を段階的に引き下げていった。6月20日には割引利率を6％から5％へ、証券担保貸付利率を6.5％から6％へ、7月4日には割引利率を4％まで引き下げた。また、

7月18日には割引利率を3.5%へ、証券担保貸付利率を4%へ引き下げた。(63) かくて、フランス銀行の公定歩合は6月以降の4回の引き下げによってほぼ以前の水準に戻されたことになる。

　さて、デフレーション政策に関していえば、フランス経済が依然として低迷しているのは、フランス国内の物価が国際物価に比して相対的に高いからであり、したがって、デフレーションによってフランス物価を10%程度引き下げる必要がある(64)、という論拠に基づいている。ラヴァル内閣は、議会から委任された権限によって3回に分けて一連の措置を実施していく。まず、7月16日に最初の措置が29の政令法によって実施された。予算に関しては、予算均衡を達成するためにすべての公的支出の10%削減とその他(65)の節約を含めて、総計58億8,700万フランの支出減少が見込まれ、また、所得税の増税によって12億フランの収入増加が可能になった。そのうえ、国有鉄道および地方公共団体の予算においても約37億フランの支出が削減された。経済措置としては、電気、ガス料金の10%引き下げ、家賃の10%引き下げ、カリウム肥料の5%引き下げなどが実施された。これらの経済措置は、生活費の引き下げを可能にし、予算措置に対する国民の反感を和らげ、かつ景気の回復に貢献するであろうと期待された。ついで、8月8日には第二の措置が61の政令法によって実施された。それは、前回とられた措置に関する適用範囲の拡大や部分的緩和を主として行い、経済回復、貯蓄保護および生活費の引き下げを意図している。最後に、10月30日に第三の措置が317に及ぶ政令法によってとられた。この措置によって、行政改革、ならびに経済および財政の秩序に関して先に決められた措置の補足と調整が行われた。(66)

　工業生産は1935年5月から徐々に増加し始め、また卸売物価は8月から上昇傾向がわずかに見られ、やっと景気回復の兆しが見えてきたようでもあった。しかし、景気の回復力は弱く、租税収入の増加にはあまり影響が及ばなかった。7月の措置にもかかわらず、予算における収入の過大評価

もあって、国庫の状態は依然として困難であった。左翼が人民戦線に結集し、極右リーグ（諸団体）が活発に活動する、という政治情勢のなかで、10月3日にはイタリア軍がエチオピアに侵攻した。急進社会党は、ラヴァルの外交政策と極右リーグの活発な動きに不安を感じ、10月24日～27日の党大会において、ファシズムに反対し、人民戦線に結集する決定を下した。[67] 金の流出は10月から再び生じ、11月には第二のフラン危機が起こった。フランス銀行は、11月14日、21日および25日に割引利率と証券担保貸付利率を1％ずつ引き上げ、それぞれ6％と7％とした。フランス銀行の金保有高は、この間に約60億フラン減少し、12月6日には659億フランにまでなった。また、10月および11月の2ヵ月間における金の流出は47億フランに達した。[68] 1935年においては、金の輸出は249億フランにもなり、輸入126億フランを差し引くと、金の流出は123億フランであった。

　下院においては、財政政策、極右リーグ対策、および外交政策に関してラヴァルに批判と攻撃が加えられたが、そのなかで彼は1936年度予算案を議決させ、その他の諸問題についても議会を乗り切り、不安定な政治情勢のなかで暫時の猶予期間が与えられた。政治情勢が小康状態に戻り、フランス銀行は12月31日に割引利率および証券担保貸付利率をそれぞれ1％ずつ引き下げ、5％と6％とし、1936年1月9日には割引利率4％へ、証券担保貸付利率を5.5％へ引き下げた。しかし、1月10日には人民連合綱領が発表され、22日には急進社会党閣僚が辞任し、ラヴァル内閣は総辞職に追い込まれた。ついで、24日にはサロー内閣が成立し、前内閣の政策が受け継がれ、デフレーション政策は続けられていく。1月以降も金の流出は続いていくが、フランス銀行の金保有高は1月から3月にかけてほぼ650億フランに維持されていた。2月6日にはフランス銀行の割引利率および証券担保貸付利率が0.5％引き下げられ、それぞれ3.5％と5.5％になった。[69]

　2月13日、レオン・ブルム襲撃事件が起こり、政府は極右リーグの解散を決定する。2月27日に下院においては仏ソ相互援助条約が批准され、そ

れが上院でも批准されるであろうという見通しのもとで、ドイツ軍はライ
ンラントに進駐する。しかし、サロー内閣は4月に総選挙を控え、世論の
確固たる支持をもたない状況のなかでは、毅然とした対抗措置をとること
はできなかった。(70)

さて、国庫債券の発行限度額は1935年1月に150億フランまで引き上げ
られていたが、特別基金へ資金を供与するために国庫債券の発行が必要と
なり、その限度額をさらに引き上げざるを得ない事態となった。政府の提
案に基づき3月20日の議会で可決され、国庫債券の発行限度額は210億フ
ランにもなった。このことが契機となって、《政府が金輸出禁止を実施す
るであろう》という噂が広まり、金の流出が急激に増加した。3月27日か
ら4月3日までの8日間に16億7,000万フランの金が流出した。この事態
に対処するために、フランス銀行は3月28日に割引利率を1.5％引き上げ
て5％にし、証券担保貸付利率を6％に引き上げ、また大蔵大臣が金輸出
禁止の噂をはっきりと否定したので、金の流出は減少し、4月4日から10
日までの1週間には9億4,500万フラン、11日から17日までの1週間には
5億フラン、18日から24日までの1週間に5億フラン、そして4月最後の
週には再び増加して11億フランとなった。けっきょく、4月の1ヵ月間の
金流出は47億フランであった。総選挙は5月3日に行われた第2回投票に
よって人民戦線派の勝利が確定した。5月6日、フランス銀行はさらに割
引利率を6％へ、証券担保貸付利率を8％へ引き上げたが、しかし、金の
流出は依然として続き、5月には37億4,700万フランにもなった。(72)(73)

第3節　人民戦線内閣と金本位制の放棄

かつてレイノーによって平価切り下げが主張された時に、ブルムはそれ
に反対して次のように述べていた。「平価切り下げは資本主義の害悪であ
る……。真の問題、すなわち資本主義体制における消費能力と生産能力と

の均衡破壊に挑戦しなければならない。その解決は、経済の刺激、賃金および所得の増大、失業者の完全な救済、同一賃金でのスライド制を受ける労働日の漸進的短縮、公共事業でなければならない」。さらに、総選挙後、5月10日の演説において、彼は「平価切り下げに対して我々は常に反対してきたし、また断固として反対である」と言及したのであった。

　5月から6月にかけてパリから全国に拡大していった労働者のストライキと工場占拠という激動のなかで、人民戦線内閣が成立する。下院で信任投票を求めるブルムの施政演説において、「私はわれわれの計画の費用を貨幣的操作によって支弁することを欲しない、と諸君に直ちに言いたい。われわれが、ある朝、平価切り下げの公示のビラ、貨幣クーデターの公示ビラを壁に貼り付けると、国民がわれわれに期待する必要はないし、またわれわれを恐れる必要もない。それはわれわれの考えではない。それはわれわれの意図ではない」と言明し、平価切り下げを明白に否定し、現行金本位制を維持していくことを約束した。

　ブルムは、ストライキを収拾するために、団体協約、年2週間の有給休暇、週40時間労働および公務員の俸給に関する政令法の緩和ついての法案を3日後に議会に提出することを公表し、さらに、政府の呼びかけによって労使双方の会談がもたれ、交渉の結果、マティニョン協定が締結された。提出された法案は11日および12日に下院で可決され、13日から工場の明け渡しとストライキの解除が順次行われた。ストライキは沈静化に向かい、6月末には平静さを取り戻すようになる。

　かくて、人民戦線内閣は、平価切り下げでもなく、デフレーションでもなく、賃金および穀物価格引き上げ等に基づく大衆の購買力増加によって経済の回復を図り、その結果として租税収入の増加をもたらし、財政の健全化が達成されるものと考えた。政府の諸施策は直ちに財政支出の増加を引き起こしたが、租税収入の増加はすぐには期待できず、かくて、政府は当面の支出増加に対応する必要があった。すでに、フランス銀行は国庫債

第3章 金本位制と大不況

表3-8 特別国家貸付金（月平均）（100万フラン）

	1936	1937	1938	1939
1		19,454	31,906	20,627
2		19,772	31,904	20,627
3		20,070	35,402	20,672
4		20,012	39,989	20,577
5		19,988	40,134	20,577
6		20,330	40,134	20,577
7	14,783	23,900	40,134	20,577
8	14,333	24,148	40,134	20.577
9	15.226	26,007	43,634	
10	12,303	26,919	48,634	
11	12,301	26,919	（a）	
12	15,058	27,915	20,627	

（a）比較可能な基礎がないので、平均は意味がない。
出所：La France économique en 1936, R.É.P., 1937, p.630. La France économique en 1937, R.É.P., 1938, p.580. La France économique en 1938, R.É.P. 1939, p.1025. 1939年5月からはフランス銀行の週間資産負債報告書により平均を計算した。

券の割引きによって政府に対する資金供与を事実上行っており、その額は140億フランに達していたのであるが、さらに政府の要請によって国庫への直接協力を公然と行うために、フランス銀行は、新たに国家貸付特別勘定を開設し、この勘定に割り引いた国庫債券を移転して長期債務化すると同時に、そのうえに100億フランの債務を追加する権限を与えた。この協定は6月18日に締結され、6月24日の法によって承認された[79]。

　人民戦線内閣の成立とストライキによる社会的混乱は、資本の逃避を促進し、金の流出を増加させた。6月には金の流出は30億2,300万フランであった。しかし、社会的混乱が収まり、社会が平静になってくるにつれて、金の流出は次第に減少してきた。フランス銀行は、6月23日に割引利率を6％から5％へ、証券担保貸付利率を8％から6％に引き下げ、また6月

25日には両利率を１％ずつ引き下げ、それぞれ４％および５％とした。さらに、７月９日にも同様に１％ずつ引き下げられ、割引利率が３％となり、証券担保貸付利率が４％となった。そして７月には金の移動が反転し、９億4,300万フラン金が流入してきた。フランス銀行の金保有高も７月と８月には若干の増加となった。

　このような状況を反映して７月のフラン相場はわずかながら上昇を示した。そして７月15日、大蔵大臣オリオールはつぎのように述べたのであった。「金および外国為替の保有者は、彼ら自身の利害においてそれらを売らなければならない。というのは、平価切り下げの危険は遠のいたからである。以前には不信が正当化された。もはや不信は正当化されない。なんとなれば、政府の政策は健全であるからである」と。しかし、他方では、予算収支の赤字を補塡するために、７月10日から国庫債券の発行が開始されたのである。それは小、中額面で６ヵ月および１年の期限のものであり、９月24日に完了するまでに43億フラン発行された。

　さて、経済の動向についてみれば、工業生産は５月から低迷しており、物価は７月から卸売物価および消費者物価とも上昇傾向に転じたが、失業者は減少するどころか、さらに増加した。失業統計指数（季節変動調整済み）は５月には165であったが、９月には174となり、1935年９月当時と比較して３万4,000人増加したといわれる。また、輸出は７月が最低となり、８月から増加傾向をたどり、輸入は８月が最低となって９月から増加に転じるが、いずれにおいても低水準であった。もちろん、ブルム内閣による政策転換の効果は、このような短期間に顕著に表れるものでもなく、また期待すべきでもないであろう。したがって、財政の困難が打開される見通しもまったく立たなかった。

　組閣から３ヵ月が経過しても、政府が期待した事態はまったく起こらなかった。むしろ、政府は内外の諸困難に直面し、国庫収支の不足を補塡するために、フランス銀行の国家特別貸付金にますます依存せざるを得なく

第 3 章　金本位制と大不況

なり、それはさらに資本の不信を招く結果となった。金の流出は、8月には4億3,100万フランに過ぎなかったが、9月には44億フランにも達した。(85)フランス銀行の金保有高の推移を見れば、8月28日に545億9,100万フラン、9月4日に541億8,400万フラン、9月11日に531億8,200万フラン、9月18日に526億9,100万フラン、9月25日に501億1,100万フランとなり、急激な減少にさらされた。(86)

　9月24日、フランス銀行は、このフラン危機に対処するために、公定歩合を2％引き上げ、割引利率を5％、証券担保貸付利率を6％とした。(87)また政府は、このフラン危機を克服するためには平価切り下げ以外に方法がないと判断し、25日の政令によって急きょ議会を招集して貨幣法案を提出した。そして、金の先取りおよび流出を阻止するために、10月2日まで取引所を閉鎖する一時的措置がとられ、そのうえ、一方では、フランス銀行の金兌換における最低限度額を21万5,000フランから50億フランに引き上げ、実際には銀行券の金兌換を不可能にし、事実上の金兌換停止を行うとともに、他方では、9月28日の政令によって金地金および金貨の輸出を禁止した。提出された法案は、下院においては9月28日に350票対221票で議決されたが、上院おいては強力な抵抗にあい、なかなか議決されなかった。ブルムは上院と数多くの取り引きを行った結果、やっと上院の譲歩をうることができた。10月1日、貨幣法案は上院において137票対126票で可決成立した。(88)1928年6月に再建されたフランス金本位制は、その維持のための決意と努力にもかかわらず、1930年代の大不況の嵐のなかで守りぬくことができず、ついに放棄されるに至った。

　フランスの金本位制は恵まれた条件のなかで順調なスタートを切った。しかし、やがて1929年10月にアメリカで勃発した大恐慌はヨーロッパ諸国に波及し、各国はかなり激しい打撃を受け、1931年にはドイツおよびイギリスが相次いで金本位制を放棄した。しかし、フランスへの影響は他の諸

113

国に比べて遅れ、また最初のうちは比較的軽微であったので、相対的に安定していたフランス経済と他国の通貨不安とが大量の金の流入をもたらし、フランス銀行の金準備も増加した。したがって、フランス金本位制は強固な基盤に立脚し、極めて健全な体制であるかのように見えた。

　しかし、大恐慌の影響は徐々にフランス経済にも及んできた。不況の深化による経済活動の低下は、財政における歳入の減少と歳出の増加を招き、予算収支の均衡を達成することが困難になってきた。増税、財政の健全化が重大な政治問題となり、政治情勢は流動的で不安定になってくる。フランスは金ブロックを形成し、金本位制を維持する決意を表明したが、アメリカの金本位制停止とドルの平価切り下げの影響を受け、また国内ではスタヴィスキー事件の発覚による政情不安と社会的混乱が生じ、資本の流出と金の流出が増大した。財政の健全化のために、また国際物価に対するフランス物価の割高を是正するために、デフレーション政策が推し進められた。しかし、ベルガの平価切り下げによるフランへの動揺が生じ、さらに、総選挙において人民戦線派が勝利をおさめ、労働者のストライキと工場占拠による社会的混乱、人民戦線内閣によるインフレーション政策への転換、それらは資本の不安をますます高め、資本の逃避に伴って金の流出がさらに増加し、金本位制の放棄へと追い込まれたのであった。

第3章 金本位制と大不況

【注】
(1) A.Sauvy, op.cit., t.1, p.116.
(2) A.Sauvy, op.cit., p.337.
(3) A.Sauvy, op.cit., pp.115-6.
(4) É.Bonnefous, op.cit., t.4, p.289, p.295 et p.359. A.Sauvy, op.cit., p.105.
(5) É.Bonnefous, op.cit., p.347. 横山信、上掲書、169 ページ。
(6) É.Bonnefous, op.cit., p.371, p.337 et pp.379-98. A.Sauvy, op.cit., pp.107-8.
(7) É.Bonnefous, op.cit., t.5, p.19, p.27 et p.42.
(8) A.Sauvy, op.cit., pp.116.-7.
(9) R.Sédillot, op.cit., p.285.
(10) La France économique en 1928, R.É.P. 1929, p.440.
(11) La France économique en 1929, R.É.P. 1930, p.512.
(12) R.Sédillot, op.cit., p.285.
(13) La France économique en 1929, R.É.P., 1930, p.514.
(14) La France économique en 1929, R.É.P., 1930, p.514 et p.516.
(15) La France économique en 1928, R.É.P., 1929, p.443.
(16) La France économique en 1929, R.É.P., 1930, pp.515-6.
(17) La France économique en 1929, R.É.P., 1930, pp.520-1.
(18) Statistique générale de la France, 1931, p.185, 1932, p.199.
(19) A.Sauvy, op.cit, p.118.
(20) P.Belgrand, De la Déflation de 1928 à la Dévaluation de 1936, Les Édition Domat-Montchrestien, 1937, p.51 et p.55.
(21) La France économique en 1931, R.É.P., 1932, p.592.
(22) A.Sauvy, op.cit., p.119.
(23) La France économique en 1931, R.É.P., 1931, p.641.
(24) La France économique en 1931, R.É.P., 1931, p.646, p.650 et p.662.
(25) É.Bonnefous, op.cit., pp.101-2.
(26) La France économique en 1931, R.É.P., 1932, pp.652-3.

(27) La France économique en 1932, R.É.P., 1933, p.720.
(28) A.Sauvy, op.cit., t.2, p.23. なお、この特別支出は1931年に2度に分けて行われた。3月19日の法によって6億7,000万フラン、さらに12月28日の法によって34億7,600万フランが支出された。この合計金額41億4,600万フランのうちで配分金額の多い項目をあげると、公共事業13億5,500万フラン、農業9億7,800万フラン、公教育9億1,100万フランなどである。
(29) A.Sauvy, op.cit., p.28.
(30) La France économique en 1932, R.É.P., 1933, pp.674-5. É.Payen, Le Vot de Budget de 1931-32, J.É. avril 1931, p.3.
(31) La France économique en 1932, R.É.P., 1933, p.678 et p.698. A.Sauvy, op.cit., p.46.
(32) La France économique en 1932, R.É.P., 1933, p.678. A.Sauvy, op.cit., pp.49-51.
(33) A.Sauvy, op.cit., pp.56-7.
(34) A.Mittelstädt, Frankreichs Währungspolitik von Poincaré zu Rueff, p.71.
(35) La France économique en 1932, R.É.P., 1933, pp.722-3. A.Sauvy, op.cit., pp.36-7.
(36) É.Bonnefous, op.cit., p.147.
(37) La France économique en 1932, R.É.P., 1933, p.724.
(38) La France économique en 1933, R.É.P., 1934, p.568.
(39) La France économique en 1934, R.É.P., 1934, p.586.
(40) É.Bonnefous, op.cit., p.166.
(41) P.Belgrand, op.cit., p.147.
(42) É.Peyen, Les Incohérences de la Cnférence de Londres, J.É. juillet 1933, p.580.
(43) R.Sédillot, op.cit., pp.291-2.
(44) P.Belgrand, op.cit., p.34.
(45) P.Belgrand, op.cit., p.34-5.

第3章　金本位制と大不況

(46) R.Sédillot, op.cit., p.292.
(47) A.Sauvy, op.cit., p.65.
(48) A.Sauvy, op.cit., p.71.
(49) É.Bonnefous, op.cit., pp.192-3, p.197, p.204 et p.220.
(50) この資本流出については、国内的要因だけでなく国際的要因として、1月末のドルの平価切り下げをあげなければならないだろう。ドルの安定化がアメリカに資本を流入させ、1933年に流出したアメリカ資本も本国に還流したことであろう。
(51) La France économique en 1934, R.É.P., 1935, pp.669-70 et p.678.
(52) A.Sauvy, op.cit., pp.77-9, et p.82. La France économique en 1934, R.É.P., 1935, p.669.
(53) A.Sauvy, op.cit., p.85 et pp.88-9.
(54) A.Sauvy, op.cit., p.92 et p.94.
(55) 「結局、公的現金の形式で、あるいは私的な準備金の形式で、金が蓄積されるようになった3つの主要センター、すなわち、アメリカ、フランスおよびイギリスにおいては、24億8,400万ドルの移転が1935年の間に行われた。」(La France économique en 1934, R.É.P., 1935, p.668.)
(56) A.Sauvy, op.cit., p.95.
(57) La France économique en 1935, R.É.P., p.686. R.Sédillot, op.cit., p.294.
(58) La France économique en 1935, R.É.P., 1936, p.681 et p.684.
(59) A.Sauvy, op.cit., p.108. La France économique en 1935, R.É.P., 1936, pp.681-2.
(60) La France économique en 1935, R.É.P., 1936, p.665.
(61) É.Bonnefous, op.cit., pp.336-8.
(62) É.Bonnefous, op.cit., p.339. A.Sauvy, op.cit., pp.151-2.
(63) La France économique en 1935, R.É.P., 1936, p.686.
(64) É.Bonnefous, op.cit., p.341.
(65) この措置には若干の例外があった。適用の免除されたのは、進行中の取り引き、民間人および軍人の老齢年金、重度障害者への特別手当、

浮動債の利子、扶助手当および失業手当である。さらに、公務員の俸給については、年間純俸給8,000フラン以下および8,000フランから1万フランまでは課税率を3％と5％とした。(A.Sauvy, op.cit., p.155.)
(66) A.Sauvy, op.cit., pp.155-7, et pp.163-4.
(67) É.Bonnefous, op.cit., p.353.
(68) A.Sauvy, op.cit., p.172.
(69) É.Bonnefous, op.cit., p.375. La France économique en 1936, R.É.P., 1937, p.618.
(70) É.Bonnefous, op.cit., pp.375-8.
(71) この特別基金は《軍備、施設および公共事業貸付基金》であり、基金の額は26億フランであったが、それが62億6,500万フランに引き上げられた。(A.Sauvy, op.cit., p.175.)
(72) A.Sauvy, op.cit., pp.178-9. La France économiqe en 1935, R.É.P., 1936, p.686.
(73) La France économique en 1936, R.É.P., 1937, p.612.
(74) A.Sauvy, op.cit., p.90.
(75) R.Sédillot, op.cit., p.296.
(76) R.Sédillot, op.cit., p.296.
(77) A.Sauvy, op.cit., pp.205-7. 河野健二、フランス現代史、山川出版社、昭和52年、207-9ページ。
(78) Germain-Martin, Le Problème financier, 1930-1936, Les Édition Domatmot-Montchrestien, 1936, p.371.
(79) R.Sédillot, op.cit., pp.297-8. La France économique en 1936, R.É.P., 1937, p.619.
(80) La France économique en 1936, R,É.P., 1937, p.612 et p.618.
(81) É.Bonnefous, op.cit., t.6, p.82.
(82) R.Sédillot, op.cit., p.299.
(83) A.Sauvy, op.cit., p.215.
(84) 大蔵大臣オリオールは購買力の増加による経済の回復が3ヵ月後に表れると考えていたようである。彼は6月18日に「救済インフレーション

が費用を支払わねばならない3ヵ月の期間が問題である」と言っている。(R.Sédillot, op.cit., p.298.)
(85) La France économique en 1936, R.É.P., 1937, p.612.
(86) R.Sédillot, op.cit., p.299.
(87) La France économique en 1936, R.É.P., 1937, p.618.
(88) É.Bonnefous, op.cit., p.80. R.Sédillot, op.cit., p.300.

第4章
金本位制放棄後の推移

第4章 金本位制放棄後の推移

フランスはアメリカおよびイギリスと3国通貨協定を締結し、新貨幣法を公布して金本位制を放棄した。金本位制放棄後から第二次世界大戦の勃発までにフランのたどった過程を、国際的緊張の高まり、不安定な社会・政治情勢という背景のもとで財政金融政策との関連において説明することにしよう。

金本位制の放棄はブルム内閣のもとで行われたが、その後、政権はショータン、ブルムおよびダラディエへと受け継がれていった。政府の主導権が社会党から急進社会党へと移行していくとともに、人民戦線内部における意見の相違も顕在化し、その亀裂も深まり、ついには人民戦線の崩壊に至るのであった。この間、国際情勢の緊張が高まり、それに対応してフランスは軍備の増強を進めていかざるを得ず、財政負担は絶えず増加して財政難が深刻化した。また、ストライキも頻発し、社会的には不安定であったし、経済の回復も思うようには進展しなかった。このような状況のなかで資本の流出が続き、フラン危機が幾度も起こった。

しかし、ダラディエ内閣のもとでレイノーによって実施された政策転換、すなわち自由主義の復活は、資本の信頼を取り戻し、経済の回復と財政難の緩和をもたらし、その結果、フランも設定された水準に維持されるようになったのであったが、それはわずかの期間に過ぎなかった。ドイツの軍事的圧力はますます増大し、戦争の危機は切迫していたのであった。

第1節 3国通貨協定と新貨幣法

すでに述べたように、ブルムは政権を担当するにあたってフランの平価切り下げをきっぱりと否定していたが、しかし、すでにその必要性を認めて6月中頃から秘密裏に財務官モニックを通じてアメリカと交渉にあたらせていた。(1) フランの平価切り下げを実施するにあたっては、報復的平価切り下げを被らないように協力を求める必要があったからである。アメリカ

およびイギリスとの交渉の結果、合意に達した3国通貨協定は1936年9月25日に3国政府によって同時に発表された。フランス政府の発表した協定文(2)に基づいてその要旨を説明するならば、次のようになるであろう。

1. 政策目標に関する共通の意思確認。平和の維持、国際経済関係における秩序回復のための諸条件の整備、世界の繁栄の推進および国民の生活水準の向上を目指す政策は、3国政府の共通の意思として続けられる。
2. 国内経済への配慮。各国が国際通貨政策を実施するにあたっては、国内の繁栄に配慮することは当然である。
3. 外国為替市場における均衡の追求。アメリカ政府およびイギリス政府は、外国為替市場における最大限可能な均衡を維持し、また両国政府の貨幣行動によるこの均衡のかく乱を極力回避する数年来の政策が追求されるべきであると再確認し、フランス政府はその政策をすべての政府の追求すべき一般的目標であると同意する。
4. フランの調整と必要な協議。望ましい主要国通貨の安定を強固な基礎のうえに立脚させるために、フランス政府はフランの調整を議会へ提出することを決定し、アメリカ政府およびイギリス政府は、国際経済関係の安定がより強固になるであろうと期待して、この決定を好意的に了承する。フランの調整による新外国為替基準に混乱が極力生じないようにするために、3国政府は適切な手段をとることを宣言し、また、各国政府はこの目的のために他の2国政府および資格を有する機関との協議を保障される。
5. 国際貿易の発展。3国政府は上記政策の成功が国際貿易の発展に寄与するであろうと確信する。とくに、フランス政府は輸入割り当てと外国為替管理の現行制度が漸次緩和され、それらが廃止の方向へ持っていかれることに最大の関心を持っている。

第4章　金本位制放棄後の推移

6．他の諸国への協力要請。フランス政府は、両国政府とともに、この宣言のなかで述べられた政策の実現に他の諸国が協力してくれることを願望し、いかなる国もこの機会に不当な外国為替利益を得ようとしたり、安定的な経済関係の回復のためになされる3国政府の努力を阻害したりすることのないものと確信している。

　上述した要旨の協定が発表された後に、さらに10月14日には3国間の技術協調に関する取り決めが発表された。すなわち、アメリカ政府の金売却条件に関する規則—今後、24時間の予告でこの意思表明が撤回、または変更されるまで、アメリカに金を売却する国に対してアメリカもまた金を売却する双務的便宜を提供し、金の売却は、ニューヨーク連邦準備銀行を通じて純金1オンス＝35ドルの価格に取扱い手数料4分の1％を加算して行われるであろう—の発表を受けて、フランス政府は、アメリカ貨幣当局に対して金売却に関する同様な便宜をパリで与え、これが外国為替安定資金の技術操作に大いに役立つであろうし、さらに、パリ、ロンドン、ニューヨークの間に有効な協調が確保されるために、イギリス貨幣当局も同様の取り決めを結んだ旨の声明を発表した。その後、11月23日にはこの協定にベルギー、スイスおよびオランダが加入し、加盟国の増加に伴ってフランの交換性はニューヨーク、ロンドンだけでなく、ブリュッセル、ベルンおよびアムステルダムに拡大された。

　この3国通貨協定に関するセディヨの評価によれば、その表現はあいまいであり、数字付きの約束は一切なされなかった。それは各国が巻き添えになる危険を避けるために極めて弾力的な協定であった。輸入割り当ておよび外国為替管理の制度を廃止するための行動は遅滞なく進められなかったし、主要3国通貨に対する安定の奨励も各国それぞれの国内経済の要請の前に譲歩せざるをえず、新たな外国為替相場の基準を維持することは達成されなかった。このように希望的な表明のなかにあって唯一明確な合意

は、今回のフランの平価切り下げがドルおよびポンドの報復的な平価切り下げなしに実施されることであった。技術的協定に関する取り決めは、限られた範囲ではあるが、決済手段としての金のトランスファーを修復した。しかし、アメリカが24時間の予告で金の売却を撤回できる条件であったので、この取り決めも不安定なものであったといわなければならない。

さて、3国通貨協定はフランスにとってどんな意味があったのであろうか。この協定がフランスに与えた功罪について若干指摘しておこう。すでにセディヨによって述べられているように、フランス政府の意図した目的、すなわち、ドルおよびポンドの報復を恐れずにフランの平価切り下げを行うことは達成されたといえよう。また、アメリカおよびイギリスからフランの平価切り下げについて同意を取り付けることによって、そのことが平価切り下げの妥当性に根拠を与え、国内の説得に役立つ条件になったとみることができる。これらの点ではメリットと考えることができる。しかし、フランの交換性は、資本流入による金準備の増強をもたらすよりも、むしろ資本流出による金準備の減少となり、フラン危機を招く結果のほうがより多く生じた。さらに、資本の逃避を阻止し、フラン危機を克服するために外国為替管理の実施に踏み切ることを困難にした。この協定が外国為替管理の反対派に協定違反という根拠を提供することになったからである。かくて、金準備を減少させ、採用可能な政策の幅を狭めた点ではデメリットであったといえよう。

新貨幣法が成立するまでには4日間の審議が必要であった。下院で議決された法案は上院財政委員会で大幅な修正が加えられた。両院間で妥協が行われた結果、新貨幣法案は10月1日に可決成立した。[7] 以下、新貨幣法に関して必要と思われる条項を概説しておこう。[8]

1. 平価の変更と兌換の停止。前貨幣法で定められたフラン平価（品位1,000分の900の金65.5ミリグラム）は廃止される。新たなフラン平価

は後日政令で定められるが、それは品位1,000分の900の金49ミリグラムないし43ミリグラムの範囲内とする。(9)そして、フランス銀行券に対する金兌換は停止され、その兌換条件も同様に後日政令によって定められるであろう（第1条および第2条）。

2．外国為替安定資金の任務。フラン平価が政令によって定められるまでの間、外国為替安定資金は、フラン平価を上記範囲内に維持し、外国為替相場を規制する任務を与えられ、国庫の勘定と責任においてフランス銀行の管理下に置かれる。同資金が機能する条件は、大蔵大臣の一般的支持の範囲内において、フランス銀行総裁によって決定される。なお、フランス銀行は外国為替安定資金との間で金および外国為替を売買することができる（第3条）。

3．金および外国為替の再評価。大蔵大臣とフランス銀行との間で1936年9月25日に締結された協定が承認され、その協定に基づき、金および外国為替が再評価され、その再評価益が所定の使途に充当される。同様の条件の下で、アルジェリア、植民地および保護領の発券銀行が保有する金および外国為替も再評価される。これに基づく再評価益を国家が取得する諸条件に関しては、大蔵大臣に当該発券銀行と協定を締結する権限が付与される（第4条および第5条）。

4．金の取り引きおよび輸出入の禁止。金の地金、延べ棒および貨幣の取り引きにはフランス銀行の許可を受けなければならない。これに違反した者にはすべて金の取り引き価値に等しい罰金が科せられる。なお、この許可は商工業上の必要に基づく金取り引きには当然与えられるであろう。さらに、金の地金、延べ棒および貨幣をフランス銀行の許可なく輸出および輸入することは禁止される。これに違反した場合には関税法に定める規定によって処罰される（第8条）。

5．金の譲渡、申告ならびに投機の防止。1936年9月26日現在、金の地金、延べ棒あるいは貨幣を保有するフランス居住のすべての個人お

よび法人は、1936年11月1日までに保有する金の地金、延べ棒および貨幣を旧フラン平価で、すなわち1フラン＝品位1,000分の900の金65.5ミリグラムでフランス銀行へ譲渡することができる。

譲渡しなかった者は、保有する金の地金、延べ棒および貨幣が国内にあろうが外国にあろうが、所有しているものであれ先渡しされるものであれ、自由に処分可能なものであれ、貸付担保に充てられるものであれ、いずれにしてもこれらすべての純金量を1936年11月1日から15日までに居住地の直接税監査官へ申告しなければならない。ただし、200グラム以下の純金量しか保有しない者は申告を免除される（第10条）。

申告の対象になった純金量の価値増加分に等しい額については、国庫は申告した個人および法人から特別課税として徴収するであろう。なお、この課税は商工業の正当な必要に基づき個人および法人によって保有されている金には適用されない（第11条）。

申告を怠り、あるいは不十分な申告をした場合には、申告しなかった金量の価値に等しい罰金が徴収される。ただし、10分の1付加税は課せられない。会社の申告については、会長、代表取締役および専務取締役は署名して連帯責任を負い、会社の支払うべき罰金に対して個人的に債務を負う。責任者が支払わない場合には、未払いの罰金残高について会社が債務を負担する。さらに、金の地金、延べ棒および貨幣の取り引きを媒介した機関と個人は、すべての帳簿、書類および有益な情報を大蔵大臣の任命した管理官に提供する義務を課せられる（第12条）。

つぎに、フランスに居住する個人および法人は、1936年9月1日から26日までに行った外国為替の現物および先物取り引きをすべて大蔵大臣に対し法の公布から15日以内に申告しなければならない。申告を怠った場合には、未申告額の3倍の罰金が課せられる（第13条）。

また、1936年9月21日から26日までの間に、フランス証券市場で行われた先物取り引きの決済によって生じた純利益には5％の特別税が課せられる。ただし、フランス国債の取り引きおよび商業上の必要からの正当な取り引きは、この税の対象から除外される（第14条）。

6．物価騰貴の抑制に関する措置。平価切り下げを口実とした不当な物価投機を抑制するために、1936年8月19日の法が適用される。同法によって設置された委員会が輸入品価格の上昇によるものと認定した場合を除き、平価切り下げを口実としたすべての価格引き上げは同法の諸規定により規制を受ける。

1936年12月31日以前に生活費が10月1日の水準に比して著しく上昇した場合には、国民経済評議会の勧告に基づき、参事院の政令によって、政府は強制的な調停および仲裁の訴訟手続きをすることができる。この手続きは、生活費の上昇によって引き起こされた紛争の解決のために6ヵ月間有効であり、また賃金に関する団体協約条項の作製、執行および改正に関連を有する。さらに、農産物については、権限を付与された機関の勧告に基づき、政府は統制された農産物価格を改定することができる（第15条）。

以上が新たに制定された貨幣法の概要についての説明である。

最後に貨幣規定に関して付言しておこう。条文によれば、フランの金平価は、まず一定の範囲以内に限定して弾力的に考えられ、落ち着かせるべき水準を確定して政令によって決められることになっており、また、フランス銀行券もその兌換条件が政令によって定められることになっている。しかし、これらの政令は公布されず、従前のような金本位制に復帰することはなかった。

第2節　弾力フラン

　フランス銀行は、政府との間で締結された9月25日の協定に基づき、保有する金および外国為替を1フラン＝品位1,000分の900の金49ミリグラムの基準で再評価した。10月2日のフランス銀行資産負債週刊報告書においては、金保有高は502億1,800万フランから672億7,500万フランへ、外国為替保有高は12億3,400万フランから14億8,100万フランへ書き換えられた。その結果、再評価益は173億400万フランに達した。このうち100億フランは外国為替安定資金へ移譲され、同資金はそれをもってフランス銀行から約100億フランの金を譲り受けた。残額73億400万フランから60億3,500万フランが国庫収入に帰属し、12億6,800万がフランス銀行に留保された。この国庫収入はフランス銀行の特別国家貸付金を返済するために充当され、特別国家貸付金の残高は183億3,300万フランから122億9,800万フランへ減少した。さらに、フランス銀行の留保分から10億3,000万フランは平価切り下げにともなってイギリスからの借入金に生じた損失を補塡するために充てられた。(10)

　上院における貨幣法案の審議過程のなかで、ブルムは「平価の切り下げが物価へ激しい影響を与えないで達成されるものと信ずる」と述べていたが、10月3日、彼は貨幣法を施行した趣意について国民への訴えを公表した。「1936年10月1日の貨幣法は、フランを多くの他国通貨に整列させた。同法は国内市場と世界の主要市場との間に物価の均衡を回復させて貿易を盛んにする目的をもっている。それは経済再建および繁栄の時代の端緒となるだろう。ただし、物価が相対的に安定したままであるという条件のもとであるが、もとより、事情が異なるようになるいかなる理由も存しない。」(11)

　10月2日に再開されたパリの外国為替市場においては、ポンドが105.70フラン台であり、ドルが21.40台であった。フランの金平価が43ないし49ミリグラムと限定されていたので、下限に相当するポンド相場は111.75フラ

ンであり、上限にあたるポンド相場は98.06であった。したがって、両者の中間レートは104.905フランであり、ほぼ105フランに相当する。外国為替安定資金は安定させるべき外国為替相場の水準として1ポンド＝105フランあたりを設定したように見える。ポンド相場は、10月7日には104.70フラン台まで下落し、10月22日には105.80フランまで上昇したこともあったが、それ以降はほぼ1ポンド＝105.10フラン台に推移した。

　10月1日、フランス銀行は割引利率を3％へ、証券担保貸付利率を4％に引き下げた。フランの平価切り下げが実施され、通貨不安が一時的に解消された結果、逃避資本の還流が生じ、資本の流入が増加した。10月8日には、割引利率が2.5％へ、証券担保貸付利率が3.5％へ引き下げられ、さらに10月15日には割引利率が2％へ引き下げられた。この公定歩合の引き下げに対応して国庫債券の利率も、10月9日に3％から$2\frac{3}{8}$％へ、16日にはさらに$1\frac{7}{8}$％へ引き下げられた。かくて、低金利政策を通じて貨幣市場における信用条件は極めて緩和された状態になったのである。

　資本の流入が増加するにともなって、外国為替安定資金は、金および外国為替の購入に対処するためにフラン資金が必要になり、10月9日には50億フラン、さらに10月23日には20億フランの金をフランス銀行へ譲渡した。かくて、フランス銀行の金保有高はそれぞれ623億5,900万フランから643億5,900万フランに増加した。しかし、資本の流入は極めて短期間しか続かなかった。10月末には事態が逆転し、11月には外国為替の売渡がその購入を超過するようになり、金の流出が再び始まったが、その対応は外国為替安定資金によって行われたので、直ちにフランス銀行の金保有高が直接影響を受けることはなかった。12月4日にフランス銀行の金保有高が603億5,900万フランに減少しているのは、1936年2～3月にロンドンで募集された国庫債券の支払い期限が到来し、その償還のためにフランス銀行が外国為替安定資金へ40億フランの金を譲り渡したからである。1936年第4四半期の金流出額については、正確な数字が把握されていないのであるが、

1928年フラン換算で50億フラン程度になったのではないか、と推測されているようである。[18]

　貨幣法は、金の地金、延べ棒および貨幣の所有者に対しては、旧平価でフランス銀行へ売り渡しを促し、売り渡さない場合には、大蔵省に対し保有する純金量の申告と平価変更に基づく価値増加分の支払いとを行うことを義務づけていた。しかし、期限の11月１日になっても期待された成果は上がらず、その期間は、まず15日まで延期され、さらに1937年２月１日まで再延期された。それ以後、２月13日には政令が公布され、申告されなかった金は密輸入されたものとみなし、家宅捜索を行う権限が税関に与えられた。けれども、退蔵金が100億フラン以上になるであろうと推定されていたにもかかわらず、自発的に売り渡された金は20億フラン程度に過ぎなかった。金取り引き禁止の下で金の闇市場が形成されるような状態であり、政府の威信を傷つけるとともに、この政策に対して疑念と不信感を抱かせる結果ともなったのである。[19]

　通貨不安の一時的解消によって、10月の国庫債券の発行額はその償還額を10億フラン以上も上回った。しかし、その後は国庫債券の発行額よりも償還額のほうが超過するようになり、その超過額は年末までに８億2,000万フランであった。年末には６ヵ月～１年の国庫債券が３年および９年の国防債券に借り換えられ、国庫債券の発行可能余力は拡大された。けれども、発行可能余力の拡大と現実に可能な発行拡大とは別問題であった。金および外国為替の再評価益による特別国家貸付金の返済は、その貸付余裕額を10億フランから55億フランにまで引き上げたのであったが、特別国家貸付金はその後増加し、年末にはその貸付残高が71億5,000万フランになった。なお、国庫債券の発行残高は年末に53億6,500万フランであった。[20]

　さて、工業生産は1936年10月から回復の兆しが表れた。工業生産指数は９月の81から12月には91へ、翌年３月には94にまで上昇した。しかし、４月以降は低下傾向をたどり、回復は長くは続かなかった。すでに上昇傾向

第4章　金本位制放棄後の推移

にあった物価は、10月以降その上昇率をさらに激しくした。卸売物価指数は、9月には407であったが、12月には499になり、翌年3月には537に達した。半年間に30％以上の上昇率であった。また、小売物価指数は、9月の80.5から12月には90.0になり、翌年5月には96.3にまで上昇した。貿易収支についてみれば、1937年3月まで輸出額は増加したが、それを上回る輸入額の増加が生じて、貿易収支の赤字はむしろ拡大したのであった。そして、4月からは輸出額および輸入額がともに低下傾向になった[21]。かくて、ブルムが平価切り下げにあたって期待した経済の見通しは、期待通りにはならず、間違っていたことを事実が証明したのであった。

議決された1937年予算案は、通常予算の赤字が48億フランであり、それに特別予算額160億フランを加えると、予算の赤字総額は208億フランにも達した[22]。国庫の困難はさらに加重されることになった。フランダンは年初から新たな平価切り下げがありうるかもしれないと判断し、それに反対の立場を表明していた[23]。平価切り下げや外国為替管理が実施されるのではないかという懸念は、再び資本の流出を増加させた。外国為替安定資金への外国為替の需要は増大したが、その対応は外国為替安定資金が外国為替相場を1ポンド＝105.15フランの水準に維持したまま行われた。その結果、外国為替安定資金は、金・外国為替資金を使い果たしてしまい、1月下旬にフランス銀行から30億フランの金を譲り受けなければならなかった。この金流出に対抗するために、フランス銀行は1月28日に割引利率を4％へ、証券担保貸付利率を5％へ引き上げた。公定歩合の引き上げに伴って国庫債券および国防債券の利率も順次引き上げられた[24]。

2月初旬、大蔵大臣オリオールは議会の財政委員会において国庫の状態に関する説明を行った。彼の財政見通しについては、反対派は極めて懐疑的であり、新たな平価切り下げに反対を表明し、オーソドックスな財政政策への復帰、すなわち公的支出の削減の必要を強調した。これに対して、オリオールは、インフレーションにも、平価切り下げにも、租税への訴え

表4-1　予算収支　　　　　　　　　　（100万フラン）

	議　決　予　算			最　終　勘　定			
	収　入	支　出	過不足	収　入	支　出		過不足
						軍需費	
1936	40,450	46,572	−6,122	38,893	55,789	14,404	−16,896
1937	43,482	64,307	−20,825	44,451	68164	20,775	−23,713
1938	54,776	68,969	−14,193	54,653	82,345	28,419	−27,692
1939	66,388	94,600	−28,212				

出所：A.Sauvy, op.cit., p.577.

にも反対であることを再確認し、貯蓄金庫の小口貯金の増加に好転の兆しを見出し、経済の回復を待つべきであると主張した。すなわち、「回復は予測される。われわれは《干潮》にいることを考えて回復を待たなければならない。今年最初の3ヵ月については国庫の負担が確保されている」と。

オリオールの楽観的な見通しにもかかわらず、通常国庫債券の発行残高は減少を続け、この2ヵ月の間に13億2,900万フランの減少となったし、フランス銀行の臨時国家貸付金は3億5,000万フラン増加した。政府への信頼は低下し、国庫の困難な状況は加重されつつあった。このような財政困難の状況の下で、ブルムは、2月13日、新たな俸給引き上げを要求した公務員に対して財政状態の改善されるまで猶予を求めるラジオ演説を行い、さらに2月15日には、社会党大会において社会・経済改革の休止が必要であることを訴えなければならなかった。そして、彼は、サンナゼールにおける演説のなかで、条件が好転した時に直ちに改革の再開を可能にするために、これまでの地歩を強固にしておかなければならず、また、再開にあたっては、新たな段階の諸条件が前段階と同様に人民戦線を構成する諸政党および労働総同盟によって決められるであろうと述べた。

国庫の困難な状況に加えて、3月初めには外国為替安定資金の金・外国為替資金が枯渇するような事態になった。政策転換に基づく具体的措置は

第4章　金本位制放棄後の推移

3月5日の閣議で決定された。政府は改めて3国通貨協定の順守を表明するとともに、4つの基本的措置の実施を明らかにした。[29]

（1）資本の負担になっている強制措置を撤廃し、金の輸出を除き、すべての金の取り引きを自由化する。
（2）信頼のおける専門家から構成される委員会を設置し、その委員会に外国為替安定資金を管理し、預金供託金庫専務理事と協力して公債市場を監視する任務を委託する。
（3）予算の均衡を取り戻すために、政府自ら、予定されなかった支出を行わない決定を表明し、追加予算支出および新規の支出を禁止する。ただし、低い給与を改善するための支出は除外される。
（4）国庫のあらゆる支払期限に対応可能にするために、公共事業の将来支出を60億フラン削減し、外国為替保証および外国為替選択付き高額国債を発行する。

3国通貨協定を遵守し、外国為替管理を拒否し、そして自由な体制の下で問題の解決にあたっていこうとする政府の姿勢は、内外から好感を持って迎えられ、人民戦線よりもむしろ反対派のなかに多くの賛成を得たのであった。[30]国債の発行に際して、ブルムは、ラジオを通じて貨幣面における自由化措置を強調し、多くの還流資本が国債の公募に協力してくれることを希望した。また、ショータンも地方演説において同様の趣旨を述べ、フランス人としての義務を果たしてくれることを期待し、さらに退蔵金で保有するよりも公債で持つほうが有利であると強調した。[31]国債の第1回分は3月12日に50億フラン発行され、その日のうちに応募額が発行額を上回るほどの大成功であった。3月16日には第2回分として30億フランが発行され、すべて完売された。しかし、その後はもはや発行されることはなかった。同日に起こったクリシー事件とそれに続く政治的、社会的混乱は、政

府に好意的雰囲気を消滅させてしまったからである。⁽³²⁾

　専門家委員会に運営を任した外国為替安定資金は、1ポンド＝105フラン台の水準に外国為替相場を維持することを断念したが、その後も外国為替相場は1ポンドが106〜107フラン台に維持されていた。4月に入ってクリシー事件に関する法的処罰が行われ、それに対する右翼の抵抗が起こり、また労働者側にも動揺が生じ、ストライキも行われた。⁽³³⁾資本は政治的、社会的混乱を嫌って海外に流出した。資本流出の増加は外国為替の需要を増加させ、外国為替相場は4月9日には1ポンド＝110.12フラン、1ドル＝22.45フランまでフランの下落となった。さらに、ポンドは4月下旬には111フラン台になり、4月27日には111.50フランにまでなった。それはフラン平価の下限1ポンド＝111.75フランにかなり接近した相場になった。

　4月28日、オリオールはさらに深刻化した財政状態を明らかにし、国庫が年末までに230億フランほどの支出を必要とするが、それに対して65億フラン程度しか調達可能でないことを指摘した。強制借り入れを否定するならば、貯蓄に頼らなければならないが、中期公債の発行が不可能な状況にあることも明白であった。⁽³⁴⁾5月から6月にかけて貿易上の必要を超える外国為替の買いが生じ、資本の流出となったが、⁽³⁵⁾しかし、外国為替相場は1ポンドが110フラン台に、ドルが22.30〜22.40フラン台に維持されていた。政府は貿易収支の赤字および金の流出を考慮して関税引き上げ法案を議会に提出した。この法案に関しては、3国通貨協定に違反するのではないかという疑点が指摘され、まず下院で修正された後、上院においてさらに修正が加えられた。その結果はオリオールがもはや受け入れがたいほどの大幅な修正であった。⁽³⁶⁾人民戦線を構成する多数派のなかにおいても政府への支持が揺らいできているようであった。

　国庫の危機は切迫していたし、外国為替安定資金からは金が失われつつあった。フランス銀行は6月14日に割引利率を6％へ、証券担保貸付利率を7％へ引き上げた。専門委員会のメンバーになっていたリスト、ボード

ウエンおよびリュエフは辞任し、政府への協力を拒否することを明らかにした。外国為替市場では先物ポンド為替の手数料が上昇し、15日には1ヵ月ものが1.90フランから2.25フランへ、3ヵ月ものが4.60フランから5.52フランになった。公債市場では98フランで発行された4.5%利付公債が90.40フランにまで下落した。このような危機的状態を打開するためには、ブルムにとって思い切った決断が必要であった。彼は「財政再建を行い、そして貯蓄、貨幣および公信用を防衛する」ために全権委任を議会に要求した。この全権法案は下院では可決されたが、上院では否決された。6月22日、ブルム内閣は総辞職し、ショータン内閣に引き継がれることになる。[37]この間、外国為替安定資金は、6月17日から24日までに25億フラン、24日から7月1日までに60億フランの金をフランス銀行から譲り渡してもらわなければならなかった。[38]

さて、弾力フランの期間においては、外国為替相場から判断するならば、フランの金平価は貨幣法で規定された両限界内にほぼ維持されたとみることができよう。1936年10月2日に1ポンド＝105.70フランであった外国為替相場は、1937年6月28日には1ポンド＝110.55フランにまでフランが下落した。したがって、フランの減価率は4.5%に過ぎなかった。しかし、外国為替相場を維持する操作ために約144.5億フランもの金[39]が失われたのであった。

第3節　浮動フラン

ショータン内閣の成立は、内閣の主導権を社会党から急進社会党へと移行させた。大蔵大臣にはオリオールの政策に批判的なボネが就任した。政府は国庫の危機を乗り切るために、8月31日までの財政全権を要求する法案を議会へ提出した。この法案を審議する財政委員会において、ボネは率直に財政の窮状と貨幣の状況について説明した。財政に関しては、通常予

算の赤字110億フラン、これから公債発行によって調達しなければならない特別予算の支出80億フラン、それに加えて地方予算の赤字、植民地の必要、鉄道の赤字、公債償還などを考慮に入れるならば、年内に必要になる国庫資金は300億フランないし350億フランにも達するが、その財源にはもはや発行公債の収入やフランス銀行の特別国家貸付金を当てにすることはできず、国庫資金を調達するための種々の方策もすでに使い尽くされている状態であった。また貨幣の状況については、6月中に約80億フランの金が外国に流出し、1936年にフランス銀行から外国為替安定資金に渡された100億フランの金は使い尽くされてしまい、さらに数10億フランの金がフランス銀行から引き出されなければならなかった。かくて、フランス銀行の金準備は、ポアンカレ・フランで換算するならば、ブルム内閣成立時の550億フランから400億フランにまで低下したのであった。また、この1年間に物価は持続的に上昇し、卸売物価は50％を超える高騰であったし、外国為替相場もフランがポンドおよびドルに対して低下傾向にあった。したがって、貯蓄者層は国庫債券への応募、貯蓄金庫への預金および証券取引所における公債への支持には消極的であった。このような困難な経済状況のもとで6月30日に財政全権法案が可決されたのであった。

　財政全権法の成立後、政府はまずフランの平価規定を変更し、フランス銀行と特別国家貸付金に関する協定を締結した。6月30日の政令法によって1936年10月1日の貨幣法第2条および第3条第2項が変更された。フランの新たな表示金量およびフランス銀行券の兌換条件は、後に内閣の定める政令によって決められ、その政令が施行されるまでは、外国為替安定資金が外国為替相場を安定させる使命を有するという趣旨になった。したがって、フランの金平価を一定の範囲内とする規定は廃止され、外国為替安定資金は外国為替相場を安定させる使命を持つとはいえ、フラン相場を一定幅の金量内に維持する責務から免除された。かくて、フランは特定の金重量との関係を失い、金重量の束縛から解放されて自由に変動可能な通貨

第4章　金本位制放棄後の推移

になった。弾力フランから浮動フランへの移行であった。

　国庫の危機を緊急に打開するために、6月30日に政府とフランス銀行との間で協定が締結され、特別国家貸付金の最高限度額が150億フランほど引き上げられた。(43)さらに7月21日には、フランス銀行の保有する金および外国為替の再評価が行われた。再評価は弾力フランの下限であった純分1,000分の900の金43ミリグラム(44)に基づいて実施された。この点から考えるならば、再評価の基準になった金量がフランの上限となり、フランの下限がなくなったとみることもできよう。この再評価によって68億フラン余りの再評価益が生じたが、翌日、政府は公債支持基金を創設し、この再評価益を同基金へ繰り入れた。公債支持基金の目的は公債市場へ介入して公債価格を支えることであり、(45)この市場介入によって公債価格が適切な水準に維持されるならば、公債発行にとってふさわしい環境が整備されるはずであった。

　7月8日および30日の政令法は財政健全化のために対策を講じた。通常予算の赤字を解消するためには、物価上昇のもとでは人件費および物件費を削減することは困難であり、公債費も減少させることが不可能であるとすれば、収入の増加を図る方法に頼らざるを得なかった。かくて、脱税の防止対策、課税基礎の拡大、および税率の引き上げが実施された。大幅な税率引き上げによって予想される年間増収分は、直接税および財産税について28億フラン、間接税については40億フランであり、合計68億フランになるはずであった。1937年予算の増収分として25億フランが見込まれた。(46)また、地方公共団体および公益事業への貸付を減少させるために、地方税の改正、郵便料金および鉄道運賃の値上げも実施した。公共土木事業については、予算支出の削減を行うとともに、公的金融機関の融資に依存させるようにした。これらの措置によって1937年における国庫負担は65億フランほど軽減されることになった。さらに、個人所有の公債および国庫債券に適用されている10％課税の措置が廃止され、地方公共団体と公益事業の

発行した外債の管理が国に移管された。このような措置は、公債支持基金の創設とともに、公信用に対する信頼を回復させ、公債発行を可能にする条件を整えるためであった。

　国庫の危機を打開する措置が実施されていくのに対応して、フランス銀行は公定歩合の引き下げを順次行っていった。割引利率および証券担保貸付利率はそれぞれ、7月6日に1％引き下げられて5％、6％になり、8月3日には再び1％引き下げられ、4％および5％の水準になった。同日には4％利付公債が発行され、1934年発行の4.5％利付公債が32億フランほど借り換えられ、その償還額は20億フラン程度に減じられた。9月2日には、さらに公定歩合が引き下げられ、割引利率が3.5％に、証券担保貸付利率が4.5％になった。その2日後には5％利付5年および10年公債が発行され、その応募は4.5％利付公債、先月発行の4％利付公債および現金でなされた。この公債発行によって、1934年発行の4％利付公債（ジェルマン・マルタン債）の残額はすべて償還され、4％利付1年公債の支払い期限が延長されたのであった。

　外国為替安定資金は、従来と同様に外国為替相場の変動を抑制するために介入を行ったが、しかし、その介入は金準備を犠牲にしても外国為替相場の安定を維持しようという意図のもとで実施されたわけではなかった。ポンド相場は、7月1日の129フランから同月22日には134フランになったけれども、8月末まではほぼ133フラン台に維持されていた。しかし9月には、政治性を帯びたストライキが続発し、テロリストの破壊活動も起こり、社会不安も広がったし、またベルリン・ローマ枢軸が強化され、フランスでは人心の動揺が生じた。このような社会的、政治的不安に観光の季節的現象も加わって、外国為替相場は段階的に下落し、10月5日には1ポンドが151フランにまでなった。数日後、政府はランブイエに閣議を招集して公式宣言を発表した。その宣言のなかで、貨幣の自由、平和政策、公的秩序と社会規律の維持、外国為替管理などの統制政策に絶対反対、3国

第4章　金本位制放棄後の推移

表4−2　パリ市場の外国為替相場（月平均）　　（フラン）

	ポンド				ド　ル			
	1936	1937	1938	1939	1936	1937	1938	1939
1	74.89	105.15	149.57	177.03	15.10	21.42	29.92	37.92
2	74.84	105.11	152.95	176.99	15.97	21.48	30.49	37.77
3	74.93	106.20	159.71	176.85	15.07	21.73	32.06	37.74
4	75.05	109.39	160.54	176.75	15.17	22.25	32.23	37.76
5	75.48	110.39	176.25	176.74	15.18	22.25	35.47	37.75
6	76.17	110.81	178.17	176.74	15.17	22.46	35.93	37.74
7	75.83	130.46	178.13	176.72	15.10	26.26	36.13	37.74
8	76.32	132.85	178.52	176.42	15.18	26.62	36.57	38.39
9	76.78	140.40	178.40	176.35	15.19	28.36	37.17	43.52
10	105.15	147.92	178.81	176.62	21.47	29.85	37.51	43.80
11	105.17	147.19	178.67	176.62	21.52	29.44	37.95	43.80
12	105.15	147.17	177.45	176.62	21.42	29.45	37.99	43.80

出所：A.Sauvy, op.cit., p.489.

通貨協定の誠実な遵守が明確に表明された。[53]

　10月以降も社会的、政治的不安定な状態が依然として続いていたにもかかわらず、アメリカの景気後退とそれに伴う株価の下落は、フランス経済の相対的評価を一時的に高め、10月から年末にかけて短期資本をフランスへ流入させる結果となった。この恵まれた条件に支えられて、外国為替安定資金は外国為替相場をほぼ1ポンド＝147フランに維持することが可能であったし、そのうえ、11月中旬には31億フランの金をフランス銀行へ譲渡している。[54] 11月12日にはフランス銀行が割引利率および証券担保貸付利率をさらに$\frac{1}{2}$％引き下げて3％と4％にした。国庫債券への応募も増加し、11月にはその発行残高が63億8,200万フランに達した。12月には5％利付3年、6年および9年公債が発行され、40億2,500万フラン（年内には30億フラン）の収入が国庫にもたらされた。このために国庫債券の発行は減少した。資本の流入は金融の緩和をもたらしたのであったが、国庫に十分な

資金調達を可能にするまでにはならなかった。国庫は12月に50億フランほどフランス銀行に頼らざるを得なかったのであり、したがって、1937年後半にフランス銀行の特別国家貸付金は80億フラン増加したのであった。⁽⁵⁵⁾

　1937年度の当初予算の赤字は通常予算と特別予算を含めた全体で208億2,500万フランであったが、予算の執行結果は237億1,300万フランの赤字となり、28億8,800万フランの赤字増加となった。可決された1938年度予算についていえば、通常予算には3,700万フランの黒字額が計上されたが、特別予算の支出が142億2,300万フランであり、物価の上昇がなく、予算収支が予想通りであったとしても、政府は140億フラン以上の資金を借り入れによって調達しなければならなかった。⁽⁵⁶⁾

　ストライキは頻発し、社会的無秩序の状態が続き、また外国為替管理が実施されるのではないかという噂は繰り返し流れた。資本の流入も束の間の出来事に過ぎなかった。その流れは1938年1月6日に逆転し、フランスから資本の流出が始まった。外国為替安定資金は、外国為替相場の下落に対応して市場介入を行ったが、それを維持するためには負担が重すぎた。結局、外国為替安定資金は市場介入の操作を弱めざるを得なかった。外国為替相場は1月12日から下落し始め、翌日には市場外取り引きにおいては1ポンドが154フラン、1ドルが30.50フランにまでなったといわれている。内閣の危機が噂になりだした。ショータンは14日に閣議を招集し、下院において財政状態の打開とフランの防衛に必要な支持を求める演説を行うことにした。しかし、彼の提案は共産党の協力拒否と社会党の閣僚辞任という結果を招き、ショータン内閣は瓦解した。⁽⁵⁷⁾

　1月19日、ショータンが再度政権を担当することになった。彼は施政演説を行い、財政の均衡の堅持、貨幣の自由および3国通貨協定の順守という既存の枠組みのなかで、フランの防衛、物価上昇の抑制、貿易収支の改善、生産の拡大および失業の減少を約束した。⁽⁵⁸⁾政府は労使協調と生産の拡大を達成するために労働法に関する5つの法律案を議会に提出した。しか

第4章　金本位制放棄後の推移

し、長い議論と両院回付を繰り返した結果、調停と仲裁に関する法案が3月4日に成立したに過ぎなかった。この間にもストライキはしばしば行われ、労使協調と生産の拡大を実現することは困難のようであった。

　1月から工業生産にわずかながら低下傾向が表れ、物価は依然として上昇の傾向にあった。1月3日に1ポンド＝147.30フラン、1ドル＝29.45フランであった外国為替相場は、27日にはそれぞれ154.90フラン、30.98フランになった。外国為替安定資金は1938年初頭に50億フラン（時価換算）の金を保有していたが、資本の流出が続いたために、2月初めにはフランス銀行から45億フランの金を譲り受けなければならなかった。これまでの断続的なフランの減価によって、5および10サンチーム貨は製造原価がそれらの金額を上回ってしまい、政府は、財政法により与えられた権限に基づき、2月24日の政令で5、10および25サンチーム貨の金属を銅ニッケル合金から亜鉛に変更する措置をとった。これはまさに、フランがかなり減価した明白な証拠であった。

　国庫収支の状態は1月から2月にかけてそれほどの困難もなく推移した。2月中旬には中・長期国債が発行されて30億フランの資金調達を可能にした。そのうえ、アルジェリア公債、モロッコ公債、さらにクレディ・ナショナル債も発行された。しかし、2月末になって国庫収支は急に悪化し、フランス銀行の特別国家貸付金に頼らざるを得なくなった。その残高はまず12億フラン増加し、その後に1週間ごとに約15億フランずつ増加するほどのテンポであった。国庫の困難な状況の下で国際情勢の悪化に対応して国防を強化していくために、3月3日には独立国防投資金庫の創設が提案されて両院の承認が得られた。

　ショータンは国庫の危機を乗り切るために権限の委任を議会に求めたが、それが認められる状況になかったので、3月10日に辞任せざるを得なかった。翌日、オーストリアはドイツ軍の侵攻を受けて併合されることになった。4日間の政治的空白の後、ブルムが再び組閣を行った。国際情勢の緊

143

張と政情不安を反映して外国為替相場は下落した。3月15日には1ポンドが165.65フランに、1ドルが33.50フランになった。(65)ブルムは国庫の危機的状況を打開する方策を検討し、その結果に基づいて、政府は3月22日にフランス銀行と2つの協定を締結した。それらは、フランス銀行の特別国家貸付金の最高限度額を50億フラン引き上げる協定、ならびに外国為替安定資金に蓄積されている資金の一部40億フランを独立国防投資基金へ移譲する協定であった。前者は3月26日法によって承認され、臨時国家貸付金の最高限度額が440億フランとなった。しかし、後者は下院では承認されたが、上院はそれを承認せず、短期間のうちにもっと完全な財政再建策を議会に提出するように要求された。(66) 3月31日におけるフランス銀行の特別国家貸付金は385億7,400万フランであった。(67)それは2月24日に319億400万フランであったので、この間に66億フラン余の増加であった。

　ブルム内閣成立後においても工場占拠を伴ったストライキは続発したし、資本家側は違法な事実に対する処罰のありうることを撤回しなかった。したがって、社会的緊張は決して緩和されなかった。ブルムは賃金を引き上げる代わりに週45時間労働を労働組合に認めさせる調停に努力した。若干の成果は上がったが、ストライキはパリ地域で拡大し、政府に対する労働者の不満は、雇い主に対する彼らの不満を凌駕するほどであった。(68)財政再建案は4月6日に下院へ提出された。その案は「《国防の必要に対処し、フランス銀行の金準備を擁護し、国家財政および経済を再建するために》必要な諸措置を1938年7月1日までに政令で定める権限を政府に与える」(69)ことを求め、提案理由の説明のなかでこの特権によって実施しようとする措置が述べられていた。(70)

　下院の審議過程において、外国為替管理、資本課税、およびインフレーション政策について反対意見も表明されたけれども、この法案は下院で可決された。しかし、上院はその法案を財政委員会で否決し、本会議では予想を上回る反対票で否決した。4月8日、ブルムは総辞職を決意せざるを

第4章　金本位制放棄後の推移

得なかった。同日の外国為替相場は1ポンド＝162.25フラン、1ドル＝32.65フランであった。ついで、ダラディエが政権につき、組閣後直ちにほぼ同様の趣旨の法案を議会に提出した。すなわち、「閣議で決定される政令によって国防に必要な支出に対処し、また国家財政および経済の再建をするために不可欠な措置を講ずる権限を1938年7月31日まで政府へ与える」ことを求めた。この法案は、下院で圧倒的多数で可決され、4月13日には上院でも満場一致で議決された。

　まず、政府は4月14日にフランス銀行と協定を結び、特別国家貸付金の最高限度を100億フラン引き上げて540億フランとし、新たな余裕額を設定することができた。なお、4月14日における特別国家貸付金は401億3,400万フランであった。外国為替相場の動きは、4月前半には比較的落ち着いた推移をたどったが、後半になって緊張した局面を迎えた。4月25日のポンド相場は164.87フランとなった。財政再建案において政府が維持しようとするフランの水準に不安感が広まり、1ヵ月先物フラン為替の繰り越し利率が7％から13％にまで上昇した。政府に与えられた権限に基づき、5月3日には最初の政令法が公布された。この政令法のなかで予算上の措置と経済的措置が講ぜられた。まず、前者については、軍事支出には47億フランが追加され、特別民事支出37億フランが通常予算に再統合された。この再統合による通常予算の支出増加に充当するために、関税を除くすべての国税に8％の付加税（32億フラン）、関税の引き上げおよび軍需産業と許認可事業の企業利益への付加税（5億フラン）が実施された。しかし、戦争年金に関する乱用を改定することが問題であり、残っている赤字額40億フランについては経済活動の拡大による増収に期待がかけられた。この期待が達成不可能になった場合には、新たな均衡化の方策がとられることになるが、その措置はあらかじめ述べられなかった。とりあえずは、50億フランの公債発行によって補塡がなされる。後者については、住宅建築への利子補給制度が改善され、8％の付加税は超過勤務手当には完全に、生産お

よび輸出の超過分には部分的に免除された。また、観光事業の優遇、熟練労働者の養成、自国労働者の保護および商船等に関する措置がとられ、さらに、手形の強制引き受けによる商工業への信用拡大と信用の開設に対する手数料の軽減、ならびに国民市場金庫へ補助金1億5,000万フランの付与が実施された。[80]

　浮動フランの説明を終えるにあたって、この期間にフランがどれだけ減価したかを外国為替相場に依拠してみておこう。1937年7月1日にはおおよそポンドが129フラン、ドルが26フランであり、1938年5月4日にはほぼポンドが170フラン、ドルが34フランになった。したがって、ポンド相場によれば、フランの価値は75.8％に減少しているし、ドル相場によれば、フランの価値は76.8％に減少していることになる。かくて、浮動フランの期間におけるフランの減価率は24％程度であったといえよう。

第4節　ポンド連携フラン

　5月4日、ダラディエはラジオを通じて国民に訴えた。その放送のなかで彼は、フランの平価切り下げと維持可能な水準での安定化を決定したことを述べ、外国為替相場が「明日の日中に私の決めた相場を上回ることはないであろう」[81]と明言した。翌日、大蔵大臣マルシャンドーは新聞によって「政府が決定したのは、今後1ポンドに対して179フランの相場を上回らないことである」[82]とより明確な説明を加えた。かくて、フラン価値の下限はポンドとの連携において規定されることになった。ドイツの脅威による国際緊張の高まりのなかで、フランスがイギリスとの協力関係を強化してきた経緯からくる帰結とみることができようが、ポンドは金との結びつきを失っていた。したがって、1ポンドが179フランの下限相場に維持されていたとしても、ポンドが減価するならば、それに連動してフランも減価していくことになる。実際、ポンドもまた、国際政治情勢の悪化と軍備

第4章　金本位制放棄後の推移

増強による財政負担の増加のもとで減価の危険にさらされていた[83]。その意味においてフランの歯止めとしては不安定であった。けれども、何らよるべき基準のない浮動フランに比べれば、ポンドに連携されたフランのほうが望ましかったといえよう。

　上述のフランに関する決定と新政府の政策に対する期待もあって、資本の流入が大量に生じ、国庫はこれらの流入資本を借り入れることが可能になった。国庫債券の発行残高はまず急激に増加し、その後7月中旬までは徐々に増加傾向をたどり、最高141億フランにまで達した。また、独立国防投資金庫も50億フランの公債を発行することができた[84]。さらに、資本の流入は金融の緩和と外国為替の供給増加をもたらした。フランス銀行は5月12日に割引利率を3％から2.5％へ、証券担保貸付利率を4％から3.5％へ引き下げたし、外国為替安定資金は数週間に約160億フランの外国為替を購入した[85]。フラン資金の欠乏を補うために、5月17日の政令法は国庫から外国為替安定資金への貸付を可能にし、国庫から同資金へ103億フランの貸付が行われた[86]。

　5月23日の政令法は、経済回復のための公共事業計画、商工業への信用拡大を可能にする措置、本国植民地間の経済的結合を緊密化し、そして貿易赤字を縮小する輸出および帝国政策に関する経済措置、週40時間法の緩和、超過労働時間実施の容易化、交代制による労働の延長、職業再教育、晩年田舎への帰郷を望む労働者のための隠居地制度などの社会的措置、ならびに国および地方公共団体の財政運営を改善する財政措置が講ぜられた[87]。また、6月14日の政令法においては、国防の増強、財政の健全化、貯蓄者の保護および経済活動の拡大を含む諸措置が実施された。さらに、6月28日には101の政令法が発令された[88]。そのなかで通貨供給に関連する2つの政令法があった。すなわち、4月14日に政府とフランス銀行との間で締結された協定（特別国家貸付金の最高限度額の引き上げ）の承認およびフランス銀行へ公開市場操作を実施する権限の付与であった。協定の承認に関し

ていえば、5月初旬以来の資本流入によって国庫にはかなりの余裕があったのであるが、将来に備えるためであった。(89)公開市場操作を可能にしたのは、フランス銀行に、自由市場で短期公債および割引を認められた民間手形を購入したり、また販売したりさせ、その売買操作によって貨幣市場における利子率を安定させ、そしてフランス銀行の割引および貸付け条件の緩和を可能にするためであった。(90)

　ドイツとチェコスロヴァキアとの交渉は一向に進展しなかった。国際情勢の悪化を懸念した資本は、やがてその流れを逆転させた。資本の流出による外国為替需要の増大は、外国為替安定資金が5月以来購入した外国為替の大部分を失う結果となった。7月末以降、とくに8月には、チェコスロヴァキア問題とドイツの軍事態勢がフランスの国庫に重い負担となって表れた。国庫債券の発行残高は7月中頃から減少し続けていたが、9月における国際情勢の危機はその発行残高を急激に低下させた。すべての応募が停止し、とりわけ独立国防投資基金の18ヵ月債券への応募が止まってしまい、3ヵ月債券は大量に償還された。他方において、起こりうる軍事的および経済的動員に対処する準備がなされた結果、貯蓄金庫から資本の引き出しが生じ、またすべての預金勘定の収縮が起こった。永久国債は80億フラン以上も減少した。この事態に対してフランス銀行は9月27日に割引利率を3％へ、証券担保貸付利率を4％へ引き上げた。(91) 9月8日から29日までの間に、国庫はフランス銀行の特別国家貸付金に頼らざるを得なかった。(92)フランス銀行は政府の必要を満たすだけでなく、民間銀行における預金の引き出しにも対応してやらなければならなかった。かくて、フランス銀行の手形割引は9月中に130億フランも増加し、そのなかでもっとも危機的状況にあった1週間には80億フランの増加が生じた。そして、銀行券の発行高は9月8日から29日までに226億6,800万フラン増加したのであった。(93) 5月5日および9月27日の両時点におけるフラン価値を比較するならば、ポンド相場は178.90フランと同一水準であり、設定された下限水準179

第4章　金本位制放棄後の推移

フランをわずかに下回っているが、ドル相場は35.85フランから38.90フランになり、この相場から換算される純金量は24.8ミリグラムから22.8ミリグラムへ減少した(94)ことになる。したがって、ポンドに対してはほとんど減少しなかったが、ドルおよび金に対しては減価したのであった。

　9月30日に締結されたミュンヘン協定は戦争の危機を一応回避することができた。しかし、戦争の危機が完全に去ったわけではなかった。今後起こりうる事態に対処するために、経済および財政の再建を急がなければならなかった。ダラディエはこの目的のために全権を議会に要請した。この全権法案は10月4日に下院で可決され、翌日には上院でも議決された。この法に基づき、大蔵大臣マルシャンドーは経済および財政の再建案の準備に着手した(95)。国際的危機状態による極度の貨幣的緊張は10月に入ってから急速に緩和された。永久債も復元され、国庫への資金の逆流が生じた。短期債の応募も急速に回復し、国庫はフランス銀行へ25億フランの返済を行い、若干の余裕を取り戻した(96)。

　マルシャンドーの再建案は、経済および財政を戦時体制に編成する必要性に対応するものであり、次のような骨子から構成された。(1)生産、特に軍需生産を増大させるために週40時間法の適用停止、(2)権威のある、かつ公平さの明白な委員会の提案に基づく予算の大幅な削減、(3)いくつかの租税措置、ただし労働者への新たな租税負担増を除く、(4)建築以外のいくつかの民事公共事業の中止、(5)フランス銀行の金準備の再評価、(6)新たな大量の資本輸出を阻止するための保護措置などであった。しかし、彼の案については政府内部に意見の対立が生じ、調整も行われたが、対立点は外国為替管理の導入に関する措置(97)であり、レイノーはこれに強く反対した。結局、マルシャンドーは閣議において彼の案に全員の賛成を得ることができず、11月1日に大蔵大臣を辞任し、交替にレイノーがその職に就任した(98)。

　10月末にはマルシャンドーの再建案に対する不安感から先物フラン為替

149

に影響が表れ、先物フラン為替の繰り延べ利率が13.5％に上昇した。[99] 11月初めには外国為替安定資金の金保有額が著しく減少した。[100] レイノーのもとで再建案に基づく政令法の準備が早急に行われ、11月13日には政令法が公表された。これによって次の措置が実施された。(1)総額100億フランに達する各種増税、(2)節約による支出の削減（1939年には50億フラン）、(3)脱税防止による100億フランの新たな財源確保、(4)フランス銀行の保有する金および外国為替を1ポンド＝170フランの基準で再評価、(5)物価統制の緩和、(6)公務員の給与および退職年金の改善などであった。さらに、労働時間に関しては3つの政令が公布された。そのなかで法の適用様式が3年間について変更され、限度があるにしても、労働時間の延長が緩和されてより行われやすくなった。[101]

　フランス銀行の保有する金および外国為替の再評価は、11月12日の協定および同日の政令法に基づいて実施された。再評価後における11月17日現在の数字によれば、金保有高は565億4,700万フランから882億6,400万フランへ、外国為替保有高は7億3,900万フランから8億6,400万フランへと増加した。この操作に伴う再評価益は315億8,100万フランであり、そのうち314億5,600万フランが処分可能と判断され、特別国家貸付金の返済に充てられた。かくて、その残高は520億8,400万フランから314億5,600万フランを差し引き、206億2,700万フランにまで減少した。それと同時に永久国家貸付金が32億フランから100億フランにまで引き上げられ、その差額68億フランは国庫の預金勘定に振り込まれた。しかし、再評価前日における特別国家貸付金が481億3,400万フランであったので、翌日の残高520億8,400万フランから差し引くと、39億5,000万フランの差額があり、これに国庫勘定に振り込まれた68億フランを加え、国庫はこの間にフランス銀行から107億5,000万フランを取得したことになる。このうち103億フランは国庫から外国為替安定資金へ貸付として移転された。その結果、同資金は240億フラン余の活動資金を持つことになった。[102]

第 4 章　金本位制放棄後の推移

　全権に基づき政府の実施した措置は、最も古典的な資本主義的政策であり、人民戦線によって方向づけられた政策に逆行するものであった。左翼政党からは厳しい批判を受け、右翼政党からは非難と支持という両面の評価を受けた。[103] 政令法の措置に反対し、ストライキに訴える動きが労働組合に広まり、労働総同盟は《全体の利益と社会正義》のためにというスローガンのもとにゼネストを断行することを決定した。しかし、政府は妥協を排してこのゼネストに対抗し、ゼネストは失敗に終わった。[104] 政令法公布後には国庫に余裕も出てきたし、資本の流れも流入に転じた。11月24日にはフランス銀行が割引利率と証券担保貸付利率とをそれぞれ2.5％および3.5％へ引き下げた。とくに、11月30日以後については、資本の信頼が回復されたために、資本の流入が加速度的に増加し、先物外国為替に対する需要は減少した。12月半ば以後、数週間で外国為替安定資金の購入した金は60億フランに達したことが明らかになった。外国為替安定資金の純金保有量は10月末の9万1,798キログラムから12月末には29万4,250キログラムへ増加し、それを時価相場で換算すれば、37億6,700万フランから125億200万フランへの増加であった。[105] このような大量の資本流入は、貨幣市場に潤沢な資金の供給となり、それがさらに資本市場に影響を与えるとともに、国家信用を補強するのに役立ったのであった。[106] 通常国庫債券の利率は11月中に2度引き下げられ、国防債券等の利率も引き下げられた。[107] なお、12月30日における外国為替相場は1ポンド＝176.83フラン、1ドル＝38フランであり、9月末に比べてフランの価値は若干上昇した。

　さて、1938年の予算の執行は、通常予算の赤字が95億フランであり、特別予算の資本投資会計の支出が190億フランにも達した。通常予算における収入の不足額が5億1,800万フランであったので、その赤字額の大部分が支出面の増加に求められる。[108] 1939年度予算案は12月31日に議決されたが、通常予算は収入が663億8,800万フラン、支出が665億6,500万フランであり、赤字額が1億7,700万フランであったが、公務員の徴兵に関する措置の適

用による支出減（2億フランの限度内）が見込まれており、この赤字額は解消されることになっていた。特別予算の資本投資会計支出は280億3,500万フランであり、昨年に比べてほぼ2倍弱の増加となり、国防支出が258億フラン、民事公共事業支出が15億7,000万フランであった。前者は独立国防投資金庫の公債発行によって調達され、後者はクレディ・ナシオナルの債券発行によって充当されることになっていた。[109]

　ミュンヘン協定による平和の確保は幻想と化し、ドイツの軍事圧力は再び高まった。1939年3月にはドイツ軍がチェコスロヴァキアへ侵攻し、チェコ全土が保護領としてドイツの支配下に置かれた。国際的緊張は高まる一方であった。政府は国防政策上必要な措置を実施するために11月30日までの特別権限を議会へ要求し、その法案は3月20日に可決された。翌21日には軍事、行政および財政に関する政令法が発布され、軍管区司令部の再編成、民間人の徴兵、軍需産業における週60時間労働などが決められた。[110] また、4月18日の政令法は、外交関係が緊迫したときに動員される国家の部門を編成し、商工業を維持する体制を整えた。さらに4月21日には、レイノーは租税、支出の節約および労働時間の延長に関する措置に基づく再建案を公表した。[111] その後も戦争の危機が切迫するのに対応して、国防および戦時体制に必要な措置が政令法によって講じられていった。

　5月17日、ダラディエ・レイノー報告書が大統領に提出され、官報に公表された。その報告書は再建計画の実施以来5ヵ月間の成果を総括し、あらゆる部門に顕著な前進があったことを明らかにした。生産の増加、失業の減少、物価上昇率の低下およびポンド相場の安定的推移にみられるように、経済の状態がかなり改善されてきていることは事実であった。レイノーの政策は、外国為替の管理を拒否し、企業活動の障害を除去して利益の刺激を与え、そして増税と支出の抑制によって財政の健全化を図るものであった。つまり、自由主義への復帰による古典的な政策が実施されたのであったが、それは資本の信頼を回復させ、資本の流入をもたらし、金融の

第4章　金本位制放棄後の推移

緩和による利子率の低下を可能にし、また公信用に対する信頼の回復に役立った。資本の流入は多量の金をフランスへ復帰させ、貿易収支は依然として赤字であったとはいえ、国際収支の均衡化への傾向はフラン価値の補強となって表れたのであった。[112]

　6月には工業生産が1928年水準にまで回復し、卸売物価の上昇は減速し、下降傾向を示し始めた。救済失業者の季節調整指数は前年10月の156から8月には143に低下している。労働時間についてみれば、従業員100名以上の事業所では昨年10月の39.2時間に対し本年7月および8月には41.9時間であり、40時間以上働く労働者の構成比は、昨年11月の3.3％に対して7月には34.8％にまで上昇している。[113]消費者物価は4月および5月には安定していたが、6月以降若干上昇し始めたとはいえ、経済全般についてみれば、かなり好転した状態になりつつあったといえよう。

　1月から8月末までの資本の流入額は170億フランに達した。外国為替安定資金は、金を吸収するために必要な資金を調達するために、国庫から無利子貸し付けを受け、3月には公債支持基金へ20億フランの金を売り渡し、さらにフランス銀行にも4月および7月に50億フランずつ、計100億フランの金を譲渡した。開戦前におけるフランスの金準備は、外国為替安定資金に160億フラン、公債支持基金に20億フラン、フランス銀行に970億フランであり、それらを合計すると1,150億フランになり、純金量では2,846トンであった。[114]大量の資本流入はフランの創造となり、流動資本を増加させたが、それらは、一部分についてはフランス銀行の手形割引および貸し付けの回収によって流通から回収され、他の部分については銀行券発行高、銀行預金および貯蓄金庫の貯金が増加する結果となって表れた。また、戦争勃発の危機に際してはフランス銀行が資金需要の増大に対応して公開市場操作を通じて資金の供給を行い、金融市場においては低い金利水準が維持されたのであった。[115]

　ポンド連携フランの期間について言えば、フランは政府の約束した外国

153

為替相場の下限１ポンド＝179フランを超えて下落することはなかった。むしろ、フランの価値はポンドに対してわずかながら上昇傾向にあったとさえ言える。しかし、ドル相場について言えば、1938年５月５日には１ドルが35.85フランであったが、９月27日に38.90フランになり、12月30日には38フランで年を越した。1939年になってフランの価値はドルに対して若干上昇して推移したが、宣戦布告の前日、９月１日には１ドルが41.85フランになった。アメリカの金買い上げ価格、純金１オンス＝35ドルに基づいてドル相場から事実上のフランの純金量を計算するならば、1938年５月５日には24.8ミリグラムであったが、1939年９月１日には21.2ミリグラムになった。(116) したがって、この期間にもフラン価値は低下したのであった。

　フランスは、イギリスおよびアメリカの報復的平価切り下げを被ることなく、フランの調整を行い、金本位制を放棄することができた。その後、国際的緊張が高まり、軍備の増強のために財政負担が増加していく過程において、フランは弾力フランから浮動フランへ、さらにポンド連携フランへと移行し、第二次世界大戦前までにかなりの減価を受ける結果となった。
　弾力フランの期間には、金量によって規定された上限と下限の範囲内にその価値を維持することが貨幣当局に義務づけられた。外国為替安定資金は両限界のほぼ中間値に外国為替相場の水準を設定し、市場介入の操作を行ったが、やがて資本の流出によって大量の金流出に見舞われ、同資金はこの水準に外国為替相場を維持することを断念せざるを得なくなった。外国為替相場は次第にフランの下限相場に接近し、ついには下限相場を守ることができなくなり、フランの金平価の規定は廃止されたのであった。
　外国為替安定基金は外国為替相場を安定させる任務を負ったのであるが、金準備を犠牲にしてまでも外国為替相場を維持する操作を放棄したので、フランは維持される水準から完全に解放され、自由にフロートする状態になった。その結果、浮動フランの期間においては、フランはポンドおよび

ドルに対して減価し続けた。

　フランの減価を阻止するためには、何らかの規制されるべき基準の設定が必要であった。金量による規定が困難であるとすれば、他国通貨とのリンクによる基準の設定であった。かくて、フランはポンドにリンクされ、フランをこれ以上に低下させないポンド相場が決められた。このポンド連携フランの期間には、資本の信頼を回復する社会・経済政策の実施もあって資本の流入による金準備の増加が生じ、ポンド相場は設定された水準を超えることがなかった。しかし、ドルを基準にして評価するならば、フランの価値が減価していることは認めなければならない。

【注】

(1) A.Sauvy, op.cit., t.2, p.228.
(2) Le Temps, 27 septembre 1936, p.5.
(3) Foreign Relation of the United States, Diplomatic Papers, 1936, vol.1, pp.557-8.
(4) Le Temps, 14 octobre 1936 p.5. なお、アメリカ、イギリスおよびフランスの声明文は、田中金司『金本位制の回顧と展望』千倉書房、280-1ページに翻訳されており、これも参照させていただいた。
(5) R.Sédillot, op.cit., p.302.
(6) R.Sédillot, op.cit., pp.301-2.
(7) 政府から提出された貨幣法案は5章25条から構成されていた。上院財政委員会は第2章において第12条を除くすべての条文に修正を加えて第13条の2を付け加え、さらに第14条以下の条文を分離した。妥協によって成立した貨幣法は、上院の意向が取り入れられて修正されたが、第2章に新たに第14条が加わり、付け加わった第13条の2にあたる条文が第3章第15条となった。したがって、貨幣法は3章15条から成り立っている (Le temps, 29 septembre 1936, p.3, 1 octobre 1936, p.3.)。
(8) 以下の叙述はLoi monétaire, Jour. Off. 2 octobre 1936, pp.10,402-3

に依拠した。

(9) 変更されたフラン平価について言えば、ポアンカレ・フランに対する両限界の減価率は25.2%および34.4%になり、両限界間の幅は、中間値の46ミリグラムを基準として、上下それぞれ6.5%ほどであった。

(10) La France économique en 1936, R.É.P., 1937, p.594 et p.628.

(11) R.Sédillot, op.cit., p.306.

(12) German-Martin, Le Problème Financer 1930-1936, p.410.

(13) 3国通貨協定の交渉過程において駐仏代理大使ウイルソンから国務長官あての電文（9月23日）のなかに次の文章がある。「フランスの安定資金は、過渡期の間、2つの限界間の中央レートにフランを支える方向で操作したいと思っている。」(Foreign Relation of the United States, Diplomatic Papers, 1936, vol.I, p.555.)

(14) 外国為替相場の推移については、典拠の挙げられている場合を除き、Le TempsおよびJour. Offを参照した。以下についても同様である。

(15) La France économique en 1936, R.É.P., 1937, p.618. La Banque de France en 1936, J.É, janvier-février, 1937, p.11.

(16) R.Sédillot, op.cit., p.315.

(17) フランス銀行は、この借入に際して返済の時に金を引き渡すことを約束していた（La Banque de France en 1936, J.É. janvier-février, 1937, p.11.）。

(18) La France économique en 1936, R.É.P., 1937, p.613 et p.629.

(19) R.Sédillot, op.cit., p.308.

(20) La France économique en 1936, R.É.P., 1937, p.590 et pp.594-5.

(21) ボンフーの叙述のなかに貿易収支に関する次の指摘がある。「フランの平価切り下げに続いた7ヵ月間に、輸出はわずかに増加したが、輸入は著しく増加した。貿易収支の赤字は95億フラン、すなわち1935-1936年の対応する7ヵ月よりもほぼ50億フランの増加であった。経済の沈滞は外国の経済が発展しただけにますます顕著であった。」(É.Bonnefous, Histoire politique de la troisième République, t.VI, p.148.)

(22) A.Sauvy, op.cit., p.246.

(23) É.Bonnefous, op.cit., p.106.
(24) La France économique en 1937, R.É.P., 1938, p.566 et p.568.
(25) É.Bonnefous, op.cit., pp.106-7.
(26) É.Bonnefous, op.cit., p.108.
(27) La France économique en 1937, R.É.P., 1938, p.546.
(28) J.Delperrié de Bayac, Histoire du Front Populaire, p.362. É.Bonnefous, op.cit., p.112.
(29) La France économique en 1937, R.É.P., 1938, p.565.
(30) É.Bonnefous, op.cit., p.114.
(31) É.Bonnefous, op.cit., p.115. なお、ショータンは公債の利点について次のように述べている。「公債は金であり、そして退蔵金のように不毛の金ではなく、大きな所得を生み出す金である」と。
(32) É.Bonnefous, op.cit., p.119. J.Delperrié de Bayac, op.cit., p.374.
(33) É.Bonnefous, op.cit., p.128.
(34) G.Lefranc, Histoire du Front Populaire, p.244.
(35) La Banque de France en 1937, J.É., janvier-février, 1938, p.59.
(36) É.Bonnefous, op.cit., p.150.
(37) A.Sauvy, op.cit., pp.259-60. É.Bonnefous, op.cit., p.152.
(38) La France économique en 1937, R.É.P., 1938, p.565.
(39) 1フラン=45ミリグラムの金で換算した額。1936年10月2日の金準備高（フランス銀行＋外国為替安定資金）672億7,500万フラン（1フラン=49ミリグラムの金で換算）と1937年7月1日の金準備高661億5,000万フラン（1フラン=40ミリグラムの金で換算）から計算（La France économique en 1936およびen 1937, R.É.P., 1937, p.630, 1938, p.566.）。
(40) ウォルフは外国為替安定資金が6月末の投機圧力に対抗して約77億フランの金を失ったことを指摘している（M.Wolfe, The French Franc between the Wars, 1919-1939, p.175.）。
(41) É.Bonnefous, op.cit., pp.172-3.
(42) Jour. Off., 1er juillet 1937, p.7,431. R.Sédillot, op.cit., p.317.
(43) R.Sédillot, op.cit., p.312.

(44) 1フランを純分1,000分の900の金43ミリグラムとする基準によれば、ドル相場は23.02フランに相当することになるが、7月23日のパリ外国為替市場におけるドル相場は26.77フランであった（A.Mittelstädt, op.cit, p.90.）。
(45) M.Wolfe, op.cit., p.176.
(46) La France économique en 1937, R.É.P., 1938, p.535.
(47) op.cit., p.548.
(48) op.cit., pp.548-9 et p.568.
(49) A.Mittelstädt, op.cit., p.91.
(50) La Banque de France en 1937, J.É., janvier-février, 1938, p.60.
(51) É.Bonnefous, op.cit., p.192, p.194 et p.198.
(52) M.Wolfe, op.cit., p.178. La Banque de France, J.É., janvier-février, 1938, p.60.
(53) É.Bonnefous, op.cit., p.202. なお、この宣言が発表されたのは10月10日に県会議員選挙第1回投票が行われる数日前であった。したがって、この宣言はこの選挙のためであったとみることができよう。
(54) M.Wolfe, op.cit., p.179.
(55) La France économique en 1937, R.É.P., 1938, p.549, p.568 et p.577.
(56) A.Sauvy, op.cit., p.266.
(57) É.Bonnefous, op.cit., pp.225-6 et p.228.
(58) É.Bonnefous, op.cit., p.244.
(59) A.Sauvy, op.cit., p.273.
(60) La Banque de France en 1938, J.É., janvier-février, 1939, p.34.
(61) La France économique en 1938, p.1,011.
(62) R.Sédillot, op.cit., p.314.
(63) La France économique en 1938, R.É.P., 1939, p.979 et pp.994-5.
(64) É.Bonnefous, op.cit., pp.271-2. La France économique en 1938, R.É.P., 1939, p.979.
(65) La Banque de France en 1938, J.É., janvier-février, 1939, p.34.
(66) A.Sauvy, op.cit., p.275.

(67) Jour. Off., 8 avril 1938, p.4,501.
(68) É.Bonnefous, op.cit., pp.294-5.
(69) La France économique en 1938, R.É.P., 1939, p.908.
(70) これらの措置に関しては、ソーヴィが予算、租税、金融、外国為替および経済の5つの措置に分けて説明している。A.Sauvy, op.cit., pp.276-7. を参照されたい。
(71) É.Bonnefous, op.cit., p.303.
(72) R.Sédillot, op.cit., p.318.
(73) La France économique en 1938, R.É.P., 1939, p.982.
(74) É.Bonnefous, op.cit., p.308.
(75) R.Sédillot, op.cit., p.312. La France économique en 1938, R.É.P., 1939, p.996.
(76) Jour. Off., 22 avril 1938, p.4,667.
(77) La Banque de France en 1938, J.É., janvier-février, 1939, pp.34-5.
(78) La France économique en 1938, R.É.P., 1939, p.1035.
(79) この支出に相当するのは、「戦争年金金庫の支出、1921-1925年の赤字を補塡するために発行された鉄道公債の元利支払い業務へ国庫から与えられた若干の貸付、資本投資会計第2部の民事事業支出、これまで国庫勘定に計上されていた行政機関へのいくつかの補助金等」（La France économique en 1938, R.É.P., 1939, p.982.）。
(80) A.Sauvy, op.cit., pp.310-1.
(81) R.Sédillot, op.cit., p.317.
(82) R.Sédillot, op.cit., p.318.
(83) La France économique en 1938, R.É.P., 1939, p.995.
(84) op.cit., p.1,012 et 1,018.
(85) op.cit., p.994.
(86) É.Bonnefous, op.cit., p.314.
(87) A.Sauvy, op.cit., pp.314-5.
(88) É.Bonnefous, op.cit., p.324.
(89) La Banque de France en 1938, J.É., janvier-février, 1939, p.39.

(90) La France économique en 1938, R.É.P., 1939, p.1,018.

(91) op.cit., p.996.

(92) La Banque de France en 1938, J.É., janvier-février, 1939, pp.35-6.

(93) R.Sédillot, op.cit., p.318.

(94) A.Sauvy, op.cit., p.324. É.Bonnefous, op.cit., pp.356-7.

(95) La France économique en 1938, R.É.P., 1939, p.996.

(96) 外国為替管理は3国通貨協定に違反することになるが、イギリスおよびアメリカからすでに同意が得られていたようである。「3国通貨協定失効の確認は、1938年8月にポンドおよびフランに起こった変動の際に、ロンドンおよびワシントンの財務担当官に外国為替の制限措置がフランスで採用された場合に起こりうる両国の態度を現地当局者に問合せるように大蔵大臣が求めさせた。ロンドンおよびワシントンは彼らの同意を与えた」。(É.Bonnefous, op.cit., p.357.)

(97) É.Bonnefous, op.cit., pp.356-7.

(98) La France économique en 1938, R.É.P., 1939, p.1,012.

(99) op.cit., p.1037.

(100) A.Sauvy, op.cit., pp.326-7 et p.330.

(101) La France économique en 1938, R.É.P., 1939, pp.1,024-5.

(102) A.Sauvy, op.cit., pp.331-2.

(103) É.Bonnefous, op.cit., p.361.

(104) La France économique en 1938, R.É.P., 1939, pp.1,012-3 et p.1,018.

(105) op.cit., pp.997-8.

(106) A.Sauvy, op.cit., pp.336.

(107) R.Sédillot, op.cit., p.318.

(108) La France économique en 1938, R.É.P., 1939, pp.987-8. 支出面の増加を上げるならば、1938年5月2日の政令による通常予算への再統合の34億フラン、1938年5月の政令法の適用によって生じた19億フラン、物価上昇、軍隊の定員増加、公債と終身年金債に関する見積の訂正による追加支出約40億フランなどである。

(109) A.Sauvy, op.cit., p.336. La France économique en 1938, R.É.P.,

    1939, p.991.
(110) É.Bonnefous, op.cit., t.VII, pp.38-9.
(111) É.Bonnefous, op.cit., p.48. A.Sauvy, op.cit., p.337.
(112) É.Bonnefous, op.cit., pp.60-1.
(113) A.Sauvy, op.cit., pp.340-1.
(114) R.Sédillot, op.cit., p.321. Compte Rendu de la Banque de France, Année 1939, p.6.
(115) op.cit., pp.7-8.
(116) R.Sédillot, p.317.

第5章
クレディ・ナシオナルの設立と初期の活動

第5章　クレディ・ナシオナルの設立と初期の活動

　フランスは、第一次世界大戦によって大きな人的、物的損害を受けたのであったが、これらの損害をすべてドイツに支払わせる方針であった。けれども、ドイツに対する賠償交渉ははかばかしい進展をみなかった。政府はすでに戦債の賠償を国民に約束していたので、それを実施しないわけにはいかなかった。将来、ドイツから賠償金を取り立て、それを充当するにしても、当面は政府が財政を通じて戦災の賠償支払いにあたらざるを得なかった。この賠償支払いにはフランスの財政にとってかなりの支出負担となり、今後の財政に大幅な赤字を生じさせる要因となることが予想された。

　かくて、予算の赤字を減少させるために、究極的には政府が年賦償還金によって賠償を支払うにせよ、特定の機関を介入させてそれに賠償支払いを担当してもらい、政府がその機関に支払い保証を与える方法が望ましいと判断されたのであった。その結果、新たな機関の設立が提案され、クレディ・ナシオナルが設立された。しかし、それは単に賠償業務のみに限定されず、貸付業務を行うことも認められた。この貸付業務は、フランス金融制度のなかで必要性が指摘されていながらも満たされなかった商工業に対する長期信用機関としての役割であり、クレディ・ナシオナルの設立という機会に際して、この長期信用業務の実験が試みられることになったのであった。もちろん、クレディ・ナシオナルが賠償支払いの機関として設立された経緯からいって、当初においては、その貸付けも主として戦災地域および解放地域で行われることになった。

　ここでは、まず、第一次世界大戦がフランスにもたらした戦災の状態とそれに対する賠償の措置に関して簡単に触れ、ついで、政府との協定に基づいて設立されたクレディ・ナシオナルの目的や機構について説明する。そのうえでクレディ・ナシオナルの初期の活動に関して、賠償支払い、貸付けおよび資金調達の観点から事実に即して述べることにしよう。短期間であるが、第一次世界大戦後にそれが果たした役割を見ることにしよう。

第1節　戦災と賠償

　4年余にわたった第一次世界大戦は、フランス国内で激しい戦闘が行われたために、甚大な人的・物的損害をフランスに与えた。まず、その戦争による損害についてソービィの著作(1)に基づき概略を述べておこう。人的損害に関しては、戦闘による多くの戦死者、行方不明者および廃疾者を出したばかりでなく、戦争による民間人の死亡率の上昇や軍隊への動員による出生率の低下が考慮されるならば、第一次世界大戦はフランス本国（アルザス・ロレーヌの3県を除く87県）の人口にほぼ300万人の減少をもたらしたと推定されている。それは人口の約7.2％にあたる数字であった。この人口減少は単に量的側面だけにとどまらず、質的側面においても大きな社会的影響を与えたのであった。戦争によって多くの若者が失われた結果、フランスの人口構成にゆがみを与え、社会の老齢化を一層促進したし、また、フランスの将来にとってもっとも必要であった勇気ある多くの若者が戦死したことは、数字に表れない大きな損失であった。

　物的損害については、フランス北東部がドイツ軍の侵略を受け、また占領されたために、土地、森林、建造物、道路、運河等々が破壊され、さらに現地では占領軍による徴発が行われたが、戦争に伴うこれら直接的被害だけにとどまらず、戦争による財貨生産の減少、蓄積された富の消尽、対外債権や貴金属準備の減少および対外債務の増加なども加えられなければならないとすれば、これら物的損害額は以下のとおりである（単位は10億金フランである）。

戦争による破壊とドイツ軍の徴発	34
蓄積された富の消尽	10
対外債権の減少	8
貴金属準備の減少	3

第5章　クレディ・ナシオナルの設立と初期の活動

```
    計                    55
 対連合国負債               18
  総　計                   73
```

　対連合国負債180億フランを除いた550億フランだけを考えても、1919年予算の収入額132億8,200万フランを金フランに換算して比較すれば、戦争によるフランスの物的損害額は、年間予算収入の5.8倍に相当する額であった。[2]

　さて、人的損害に関しては、1919年3月31日の法に基づいて補償が実施される。傷痍軍人は廃疾の程度に応じて年金が支給され、治療および職業再教育を無料で受けることができた。さらに、戦死者の寡婦、子、父母、祖父母には年金が支給された。また、軍人年金よりは制限的であったが、民間人の犠牲者についても同年6月24日の法によって年金の支給が実施された。[3] 物的損害に関しては、戦争開始後間もなく、1914年12月26日の法第12条において、戦争によって被った物的損害に対する賠償がすでに配慮されており、その賠償の権利を行使する諸条件は別に定められることになっていたし、さらに、最も緊急な必要を満たすために内務大臣には最初の予算額3億フランがあらかじめ認められ、損害確認の手続きと損害評価委員会の機能は国務院令によって定められることになっていた。そして戦後になって、1919年4月17日、戦争行為によって引き起こされた損害の賠償に関する法が制定され、損害賠償を実施していくにあたって、賠償額を算定する基準、損害の確認および評価を行う機関の設置、ならびに損害支払いに関する規則の制定が実際に行われた。[4]

　すでに述べたように、フランスは戦争によって被った損害をすべてドイツに支払わせるという方針であった。したがって、平和条約の締結交渉において損害賠償の要求に関するフランスの態度は極めて強硬であったが、1919年6月28日に締結された平和条約では、戦争によって受けた一切の損

害については、ドイツおよびその同盟国が賠償支払いの責任を負うという原則が定められたけれども、賠償支払い額は各国の利害対立のなかで確定されず、その決定は賠償委員会に任された。そして、同委員会は1921年5月1日以前に賠償額を決定し、それをドイツ政府に通告することになった。ただし、賠償額が確定する以前に、ドイツは賠償委員会によって定められた支払方法で200億金マルクを1919年、1920年および1921年4月までに賦払いすることが決められていた。

しかし、賠償額が確定するまでの暫定期間にドイツが連合国に支払った金額は80億金マルクを若干下回る額に過ぎず(5)、支払予定額の4割程度であった。そして、賠償委員会がドイツの賠償支払い額を確定したのは、1921年4月27日であり、その総額は1,320億金マルクとなった。そのうちフランスの受け取るのは52％であり、770億金マルクであった(6)。このように、ドイツの支払うべき賠償額が決められたにもかかわらず、その後の賠償金支払いもはかばかしい進展を見なかったのである。

さて、これまで述べてきたように、ドイツの賠償金支払い問題は戦後直ちに解決されなかったのであるが、フランス国民が戦争により被った損害の賠償は、政府にとって早急に実施しなければならない責務であったし、フランス経済の復興を早急に達成するためにも不可欠であった。かくて、ドイツからの賠償金取り立てが将来において可能になるにしても、当面は政府が財政支出を通じて賠償を支払っていかなければならなかった。当然のことではあるが、この賠償支払いの支出は財政の不均衡を拡大し、財政難の状況を引き起こす要因であった。1919年度予算は、収入が132億8,200万フランであり、支出が399億7,000万フランとなり、収入を大幅に上回る赤字額であった。このような予算の不均衡を是正するためにも、損害額の支払いが財政に過重な負担となることを避ける何らかの方策が必要であったのである。

第2節　クレディ・ナシオナルの設立

　1915年以後、戦災の賠償が政府の方針として確認されたために、その賠償支払いを担当する機関について検討する委員会が、当時の大蔵大臣リボの指示に基づいて設置されており、さらに、1917年10月1日の政令によって特別委員会が構成され、戦災地域の再建を可能にする信用手段に関する検討がなされた。それら検討の結論のなかで賠償支払いを行う新たな機関の創設が必要であることは、すでに認識されていた。また、1919年4月7日に制定された「戦争行為によって引き起こされた損害の賠償に関する法」においても、賠償支払いに関して金融機関の協力を求める可能性が明示されており、その場合には金融機関と政府との間で締結される協定が議会の承認を受けることになっていた（第48条）。この法が制定された直後には、賠償支払いは国庫自体が実施し、その支払いの財政資金を獲得するために、大蔵大臣は浮動債、国防債およびフランス銀行貸付金に頼っていたが、この方式による賠償支払いはわずかの期間に過ぎなかった。戦災に対する賠償の支払いを国庫収支から分離することが必要であるという判断に基づき、賠償支払いを担当するあらたな機関が創設されることになった。[7]

　当時の大蔵大臣クロッツと創設しようとしている金融機関の発起人ローランとの間で1919年7月7日に協定が結ばれ、設立される機関の名称は《Crédit National pour faciliter la Réparation des Dommages causés par la Guerre》と名付けられた。この協定の承認を求める法案は、同年7月16日に下院へ提出され、[8]両院の審議に委ねられた。審議の過程において、賠償支払いの財源を浮動債やフランス銀行の貸付金に頼ることは早急に終わらせるべきであり、また国防債および通常債の発行残高を法外に増加させることは危険であるという認識に基づき、新たな機関を創設する緊急性が下院および上院において意見の一致をみた。[9]かくて、この法案は同年10月10日に可決成立し、この法の公布から45日以内にクレディ・ナシオ[10]

ナルが設立される（協定第19条）ことになった。

　クレディ・ナシオナルは、フランス不動産銀行をモデルにして、国家の監督もとに置かれる株式会社として設立された。資本金は1億フランに決められた。株式は額面が500フランであり、20万株が発行され、4分の1が払い込まれた。株式の引き受けにあたっては、銀行をはじめ国内あらゆる活動部門から協力を受けた。株式会社であったが、国家の監督を受ける条件の下で、次のような制約が加えられた。まず、頭取（directeur génral）および2名の副頭取（directeur）は、取締役会の推薦に基づき、大統領によって任命され、会社の運営および業務は財務監督局の監査を受けることになる。つぎに、会社の定款およびその変更は国務院の承認が必要であり、また会社の内部規定およびその変更は大蔵大臣の認可を受けなければならない。さらに、会社の営業活動の条件に関して国家との間に締結される協定は、立法府の承認を受けなければならない。

　頭取は会社の業務を管理し、副頭取は頭取から委任された職務を行う。頭取が不在の場合には、先任の副頭取が頭取を代行する（定款第22条）。取締役会（conseil d'administration）は、頭取、2名の副頭取および株主総会で選任された20～24名の取締役から構成され、頭取の専決事項以外のすべての業務について議決する（定款第26条、第34条）。監査役は3名であり、株主総会で選任され、取締役会に出席して発言権を有する（定款第37条、第38条）。なお、任期中、頭取は100株、副頭取および取締役は50株の株式を保有していなければならない（定款第23条、第27条）。株主総会は毎年、営業年度終了後6ヵ月以内に取締役会によって召集されるが、さらに、取締役会および監査役はいつでも株主総会を特別に招集することができる（定款第39条）。

　会社の行う業務に関しては、2つの役割が与えられた。まず、戦争行為によって引き起こされた損害に対する賠償金の支払い機関である。クレディ・ナシオナルは、1919年4月17日の法によって賠償を受ける資格のある

第5章　クレディ・ナシオナルの設立と初期の活動

権利者に対して、国家の名義で、調達できる資金の範囲内で、賠償金の全部、あるいは一部を支払い、また賠償金に生ずる利子の支払いを行う（協定第1条第1項）。つぎに、この賠償金支払いとの関連において、資産の再建のために損害評価額を超えて必要になる追加資金、あるいはその評価以前に緊急を要する資金が、最高期限25年の補充的貸付としてあたえられる（協定第1条第2項）。そのうえ、賠償金支払いと直接的には関係なく、フランスの商工企業の創設、発展および振興を促進するために、3年以上10年以下の期間の貸付を与えることができる（協定第2条）。この貸付は、直接には戦争行為によって被害を受けなかったが、戦争中に仕事を辞めざるを得なくなり、そして戦後に商工業活動を再開する人々に必要な運転資金の不足分を与えることを可能にした。貸付総額は5億フランまでに制限され、そのうち4億フランは罹災地の商工業者のために留保された。[14] かくて、クレディ・ナシオナルは、賠償金およびそれに付随する利子の支払い機関であると同時に、また長期資金を貸付ける機関でもある。

　この2つの役割を果たすために必要な資金の調達は債券の発行によって行われる（協定第3条）。債券の発行にあたっては、その方式に関して大蔵大臣の認可を受けなければならない（協定第6条）。クレディ・ナシオナルの債券には国家の支払い保証がつけられたので、国債に準ずる性質を持った債券であるとみなされ、小貯蓄者に人気の高かったフランス不動産銀行債やパリ市債のように賞金付きでの発行も行われる。また国家はたんなる支払い保証だけでなく、債券発行に伴う利払い、償還、必要な場合にはプレミアムおよび賞金を含め、それらを保証するために必要な年賦償還金を国の予算に計上する。これら年賦償還金は、クレディ・ナシオナルの債券発行による実際の負担に基づいて計算される。なお、外貨債を発行する場合には、さらに外国為替費用、その他の付帯費用、必要であれば外国の税金が国庫によって負担される（協定第7条）。

　そのうえ、クレディ・ナシオナルが営業費用を賄い、株主に妥当な配当

を行い得るようにするために、それに相応する措置も講じられている。すなわち、営業費用を満たすために年賦償還金への加算が最初の10年間には0.25％、それ以後には0.125％ずつなされる（協定第7条）。そして、この加算額が前の半期間の営業費を賄うことできなかった場合には、クレディ・ナシオナルの要求に基づき、その不足分に相当する加算が半期ごとに改定の対象とされうることになっている。もし、この改定に同意の得られなかった場合には、会社の果たすべき職務の全部、あるいは一部に責任を負わせて会社の清算に入ることができる。これに反して、先に決められた加算額が、改定前、または改定後において、半期間について営業支出額を50,000フラン以上超えるならば、その超過額の75％が国へ返還される（協定第8条）(15)ことになる。

　商工業貸付け（協定第2条）は定款および内部規定で定められた条件(16)で自己責任において行われ、この貸付けの利子率は取締役会が決める。なお、この利子は最高年1％の負担金（contribution）が加えられる。この負担金は0.5％が現行貸付契約のリスクのための特別準備金に充当され、0.5％が取締役会の意向によって処分される。貸付けにあたり利子率を決定するときには、その時の流通債券(17)の利子、プレミアムおよび賞金での原価率を1％以上超えてはならない。もし、負担金を差し引いた貸付利子の平均原価率が流通債券の利子、プレミアムおよび賞金での平均原価率より0.25フラン以上下回るならば、それを下回る0.25フランの差額ごとに取締役会の意向で処分可能な負担金が部分的に減少させられる。この減少は0.25フランを下回る0.25フランごとに0.10フランである。なお、両者の比較にあたっては、債券の平均原価率は、先年流通した各種債券の発行価格によって、また各種債券のそれぞれの額と先年の流通期間とに比例配分して計算され、貸付利子の平均原価率は、各々の貸付けの額およびそれらが先年に貸付けられていた期間とに比例配分して、貸付契約によって計算される（協定第5条、第12条）。このように貸付利子に罰則を設けたのは、取締役会が低い

第5章　クレディ・ナシオナルの設立と初期の活動

利子率で貸付けを行い、国庫に損害を与えることのないようにするためである。[18]

クレディ・ナシオナルは長期貸付機関であるから、それに伴う不測の事態に対処できるように相当額の準備金を保有しておかなければならない。かくて、商工企業への貸付額の30％に達するまで、特別準備金の積み立てが義務付けられている。その積立には貸付利子に含まれている負担金の半分（協定第12条）、年純利益のうち国に帰属する部分および加算金のうち営業支出を超えて利益をもたらした部分が充当される。ただし、加算金の改定によって0.25％、ないし0.125％以上に支払わねばならなくなる額は予め差し引かれるであろう。さらに、この準備金勘定に繰り入れられた金額の収益は各半期末に追加してこの勘定に記入される（協定第15条）。特別準備金とは別に、法定資本準備金は純利益の5％が資本金の10分の1に達するまで積み立てられる（定款第64条）ことになっている。

入金の取り扱いに関しては、クレディ・ナシオナルが業務を遂行するために常に保持される1,000万フラン、さらに必要に応じて共通の同意で増額される運転資金を除き、国家予算の年賦償還金によって支払い保証された債券の発行から生ずる入金は、15日以内に国庫へ払い込まれ、業務の遂行に必要でない限り、無利子で留め置かれる（協定第9条）。さらに、賠償支払いに付随する貸付けの利払いおよび返済から生ずる入金は、同一期限内に国庫に払い込まれるか、あるいは特別勘定《A》に記帳される（協定第10条）。商工企業への貸付けの返済から生ずる入金は、同一期限内に国庫に払い込まれるか、あるいは特別勘定《B》に記入される。これについては、国庫はクレディ・ナシオナルの要求に基づき、再び貸付けのために使用させることを約束する（協定第11条）。また、この貸付けに対し支払われる利子は、同様の条件で国庫に払い込まれるか、あるいは特別勘定《C》に記帳される（協定第12条）。そして、《A》、《B》、《C》の特別勘定の貸方に記入された資金額は、入金後16日目から大蔵大臣の定めた利率によっ

173

て国家のために利子を生み、その利子残高は半期ごとに国庫へ支払われる（協定第13条）。したがって、クレディ・ナシオナルに入金された資金は、国庫資金とみなされて国庫へ払い込まれるか、そうでなければ、特別勘定として国庫の資金を預かっているような対応になる。

　利益配分については、すべての諸経費、社会保障負担分、ならびに取締役会で決められた減価償却費と引当金が差し引かれ、純利益が確定されるが、まず、純利益の5％が法定資本準備金として差し引かれ、ついで株主に対し6％の第一配当を支払うために必要な額、さらに取締役会の承認のもとで頭取より提案され、株主総会が有用と判断を下した追加の資本準備金および新たな繰越金が控除される。それらを差し引いた残額については、商工企業貸付に充当された5億フランがすべて返還される[19]までの間、国家予算の年賦償還金で保証され、そして貸付けに充当された債務額と資本金、現行契約のための準備金以外の準備金で保証され、そして国家予算の年賦償還金で保証されない債務額との割合に比例して2つの部分に分割される。前者の部分は50％が国家へ、50％が株主へそれぞれ配分され、後者の部分はすべて株主へ与えられる（定款第64条）。

第3節　賠償金の支払い

　戦争行為によって物的損害を受けた罹災者は、賠償を支払ってもらう権利を有するが、その賠償額が確定される以前には、国に対して確定されない債権を有するに過ぎず、県から貸付けを受けることができるに過ぎない。この貸付けは国庫、ないしはクレディ・ナシオナルを通じて行われる。賠償額を評価し、決定するのは小郡委員会[20]であり、賠償額が決定されると、その決定の写しは債権証書の証明として県知事宛にも送付されるが、その一件書類は解放地域大臣宛てに送られる。それらの書類を受け取った同大臣は、債権証書の作成を大蔵大臣へ要求する。大蔵大臣はAからMまでの

第5章　クレディ・ナシオナルの設立と初期の活動

範疇による債権の性質およびその金額を明示した証書を作成し、その証書をクレディ・ナシオナルへ送付する。クレディ・ナシオナルは、それを受け取って罹災者のために戦災口座を開設する(21)と同時に、その証書の範疇ごとに口座の貸方にその金額を記入する。もちろん、記入金額は証書作成以前に支給された貸付金および前渡金(22)が差し引かれた金額である。戦災口座開設後、それらの債権証書は各罹災者宛にクレディ・ナシオナルから送付される。この時点から賠償金支払いに関してクレディ・ナシオナルと罹災者との間に直接的関係が生ずる(23)ことになる。

　大蔵大臣からクレディ・ナシオナル宛の1920年2月5日付指示(24)によれば、賠償金支払いに際しては、クレディ・ナシオナルは自己責任において賠償金受領者の口座残高を超えないことを確認し、法で定められた順序に従って種々の範疇の賠償金を支払わなければならない。クレディ・ナシオナルによって行われる元金および利子の支払いは、大蔵大臣によって作成され、そして解放地域大臣の監督の下で各県に配分される月割り当て資金額の範囲内に限られる。各種所有者に対する支払いは、かれらの指定した金融機関を通じて行われるが、特別の要求に基づき、かれらの住居に郵送することもできる。支払方法は債権証書の1つが5万フランを超える場合には、権利所有者の選択した金融機関に彼の名義で開設された当座勘定貸方に振り替えられる。債権証書のいずれも5万フラン未満であるならば、受益者は上記の振り替え、小切手、現金送金、あるいは郵便為替のいずれかを選択することができる(25)。

　その後、支払の原則に変更が加えられた。元金の支払いについては1920年7月31日の財政法によって、賠償額が確定し、損害額が100万フラン以上の罹災者、あるいは罹災者集団は、かれらの要求に基づき、賠償金の全部、または一部について年賦償還金による支払協定を大蔵大臣と結ぶことができるようになった。1921年7月23日の法(26)は、家財の損害を賠償する債券証書の所有者が国債をもって支払いを受けることを要求できるようにな

175

った。その場合には、以前に受け取った貸付金および前渡金が差し引かれ、国債に転換される賠償額の85％が元金になる。この支払方法は家財が再利用されるとみなされるので、それを証明することが免除される(27)。また、1921年4月30日の法および同年8月13日の政令によって再使用しない場合の債券証書を保持する者は、その賠償額が5,000フラン以下であれば、2年、5,000フランを超えれば5年の間譲渡できない国債とその債権証書との交換を請求することができるようなった。さらに、1923年2月28日の法は現金での支払いに若干の制限を加え、以下の場合に限定した。すなわち、(1)建物の再建築によって正当化された賠償金の支払い。(2)建物の再建築以外の不動産に関して受けた損害の支払い。(3)罹災者から請求のあった動産に関して、同一の受益者が受けた3万フランまでの損害の支払い。(4)動産および建物の再建築以外の不動産に関しては罹災者の請求による追加費用のうちで、被害額の証明総額が1万フラン以下である場合には、差額に対する追加費用の支払い、ならびにドイツの現物賠償ですでに半分を罹災者が受け取っている追加費用の支払い。以上においてとくに規定された以外の賠償金は、すべて国防債券タイプの5％利付10年国債で支払われることになった(29)。

　利子の支払いに関していえば、利子付き債権証書が公布されたのは、次の4つの場合であった。復元、あるいは再投資される動産の被害額（A群）、再使用、あるいは再投資される不動産の被害額（C群）、再使用、あるいは再投資されない不動産の被害額（I群）および代替、あるいは再投資されない動産の被害額（K群）に対してであった。これらの証書には、原則的に休戦の日、すなわち1918年11月11日から利子がつくことになるが、例外的な場合として、商品、収穫、生産物および貯蔵品の被害については、損害発生の6ヵ月後から、占領期間に発生した損害については、侵略の6ヵ月後から利子が起算される。利子率はいずれも5％であった。利子の支払いは1919年4月17日の法に基づいて現金で行われたが、1923年2月28日の

第5章　クレディ・ナシオナルの設立と初期の活動

法は支払方法に変更を加えた。再利用、あるいは再投資される場合に公布される証書に基づき、1923年1月1日までに付けられた利子は、被害に基づき与えられたすべての証書に対して罹災者当たり最高1,000フランまでは現金で支払われるが、それ以上の支払い額は譲渡できない記名国防債券で渡されるようになった。さらに、1923年1月1日から付けられる利子については、被害額として罹災者口座に記入された合計額が5万フラン以上の場合には、上記の国防債券で渡され、その額以下の場合には、現金で支払われるようになった。[31]

以上の説明から明らかなように、債権証書の元利金支払いは、最初には現金で行われていたが、その後、法によって改正され、証書所持者の請求に基づいて年賦償還金支払いの契約や国債での支払いが限定的に行われるようになり、さらに、法で規定された現金支払い以外は国債および国防債によって支払われるようになり、このような措置は、元利金の支払いを繰り延べることによって支払者の過重な負担を一時的に軽減するためであったとみることができよう。その代わりに、賠償金の支払いが長期間にわたり、その最終的な解決が引き延ばされることになった。

最後に、初期における賠償金支払いに関する業務の進捗状況を見ておくことにしよう。戦争による損害の評価に基づく債権証書の発行数およびそれによる開設口座数は以下の通りである。

	証書発行数	開設口座数
1921年前半期	878,860	281,689
1921年後半期	678,513	321,063
1922年前半期	717,059	298,237
1922年前半期	733,889	228,474
1923年4月まで	288,149	86,904

1921年および1922年の数字について4ヵ月の平均をとってみると、証書発行数は1921年が519,124、1922年が483,649であり、開設口座数は、1921年が200,917であり、1922年が175,570であった。これらの数字を1923年4月までの数字と比較すると、1923年には前年に対して証書発行数がほぼ6割に、口座開設数が5割程度になっており、1923年に入ってかなり減少してきていることがわかるであろう。かくて、賠償金の評価とそれに伴う関連業務がかなり進展したとみるべきであろう。1922年以降数多くの少郡委員会が解散されたこともそのことを裏付けているといえる。また、開設されるべき罹災者口座数が150万程度であろうと推定されるならば、1923年4月末において80％の口座がすでに設定されたことになるだろう[32]。

　現金による貸付および前渡金、現物による貸付および前渡金、国債による支払、ならびに年賦金による支払協定という形式において、1922年末までに412億フランほどがすでに処理されている。罹災者へ支払うべき損害総額が858億フランであるとすれば、この形式で損害総数の48％が処理されたということになる[33]。さて、クレディ・ナシオナルの賠償金支払い総額は、1920年末には26億5,800万フラン、1921年末には98億500万フラン、1922年末には176億1,400万フラン、そして1923年末には230億5,300万フランに達している[34]。クレディ・ナシオナルが賠償金の支払いを完了するのは1933年頃であり、その支払い総額（元金および利子）は730億フランを超えたと言われている[35]。かくて、1923年末の時点において支払総額の30％程度が支出されているとみることができよう。

第4節　貸付けの供与

　すでに述べたように、クレディ・ナシオナルには長期信用機関としての役割が付与された。貸付けの対象はフランスで設立された、フランス人の所有する商工企業であり、したがって、農業経営および住宅の購入や建築

第5章 クレディ・ナシオナルの設立と初期の活動

の分野は除外された。また、この機関は大企業よりはむしろ中位の企業に金融援助を与えることが目的となっている(36)ので、同一借入者に対する貸付最高限度額は200万フランに制限された。貸付期間は最低が3年、最高が10年と決められた。最高期間を10年に設定したのは、設備のノーマルな償却と抵当権登記の更改という2つの理由からであると言われている。貸付利子率は、大蔵大臣の同意を得て取締役会で決定されることになっているが、同じ条件の下で新規の事業に対してはいつでも変更されうる。そして、この貸付利子率のなかには最高限1％の負担金が含まれ、そのうち0.5％は危険負担のために特別準備金として積み立てられ、残り0.5％は取締役会の自由な処分に任されることになっていた。貸付にあたっての実際の利子率は、最初7％であったが、その後7.50％、7.80％、さらに8.10％へ順次引き上げられ、1923年9月現在においては8.25％まで上昇していた。このように利子率が上昇したのは、資金調達コストが増加したためであった(37)。

貸付に対する保証の確保に関して、一番抵当の設定、取締役会で承認された有価証券の担保、あるいは第三者の連帯保証が必要であり、さらに補助的には、営業権の担保による保証も要求される。そして同一人に貸付けることのできる額は、提供された保証物件の評価額の60％および資産総額の30％までに限定された。ただし、抵当権が保証に提供され、その抵当権の設定された不動産が商工業の経営へ充当されておらず、その不動産の価値が少なくとも貸付額の2倍であるならば、資産総額の30％を超えないという上記の条件は除去される。証券担保貸付の場合には、担保となる証券の種類によって貸付けの割合が異なり、その割合は取締役会によって決定される。また、連帯保証のある場合には、借入者本人の資産のみでなく、連帯保証人の資産を加えて合計した資産の30％以内として貸付額を計算することができる(38)。

貸付けに至るまでの手続きに関していえば、クレディ・ナシオナルは、資金の借入れ要請に基づき、3ヵ月以内に必要な書類を提出してもらう。

これらの書類にはつぎのものが含まれる。すなわち、１．国籍、身分、また必要な場合には、戦争による損害を証明するすべての書類に基づく申込書。２．借入者によって相違なきことを証明された、そして債権者およびその担保の詳細な表示のある貸借対照表。３．土地台帳、抵当物件、ならびに借入者の営業権、あるいは設備に設定できる担保物件のリスト。提出されたこれらの書類に十分な検討を加えられた後に、専門家が実際の調査を行い、収集した情報に基づいて貸付の諾否の判断を明白に示した報告書が作成される。貸付委員会の結論に基づいて決定を行い、それを受けて取締役会が最終的な決断を下し、貸付が実現されることになる。

　クレディ・ナシオナルが最初に商工業者へ貸付けを行ったのは1920年6月であり、その額が15万フランであった。その後における貸付額の推移をみると、1920年12月末には3,100万フランをやっと超えた程度に過ぎなかったが、1921年12月末には2億5,600万フランになり、この年には2億2,500万フランも増加した。さらに、1922年12月末には3億5,400万フラン、1923年12月末には4億6,400万フランへと増加した。この貸付総額が5億フランであったから、この額の93%弱が3年6ヵ月の間に使用されたことになる。

　つぎに、1922年12月末における貸付額の構成を部門別および保証別にみておこう。まず、貸付けの部門別構成は次の通りである。

部　門	1922年12月31日（フラン）	構成比（%）
食料品	70,564,899.03	19.9
請負および建築資材	29,728,762.03	8.4
ホテル業等	12,281,500.00	3.5
電気産業	4,168,000.00	1.2
冶　金	94,175,500.00	26.6
化学製品	18,635,000.00	5.3
繊　維	124,417,400.00	35.1
合　計	353,971,061.06	100.0

第5章　クレディ・ナシオナルの設立と初期の活動

　以上の表から明らかなように、最も多く貸付けを受けた部門は繊維であって、全貸付の3分の1以上であり、ついで冶金の26.6％、食料品の19.9％である。これら3部門を合計すると、貸付総額は2億8,915万7,799.03フランとなり、全貸付額の8割以上を占めることになる。クレディ・ナシオナルの長期貸付けはフランスのこれら産業の復興に、なかんずく繊維産業の復興に大きな貢献を果たしたとみることができよう。

　貸付けの保証別構成はつぎのような状態になっていた。(45)

保証別	1922年12月31日（フラン）	構成比（％）
1．抵当貸付け	31,310,000.00	8.8
2．連帯保証貸付け	12,796,687.50	3.6
3．抵当および連帯保証貸付け	7,933,999.20	2.2
4．抵当および営業権担保貸付け	8,771,200.00	2.5
5．年賦償還金までの保証貸付け	21,800,000.00	6.2
6．仮証書担保貸付け	17,589,174.53	5.0
7．年賦償還金担保貸付け	253,620,000.00	71.7
合　計	353,821,061.23	100.0

　上記の表からわかるように、抵当権を設定し、連帯保証人を立て、また補助的に営業権を担保にした貸付け（1～4）の合計は、全貸付の17.1％にすぎない。それに対して、戦災の賠償金支払いのために公布された仮証書や年賦償還金証書を保証とする貸付け（5～7）の合計は、全貸付額の82.9％を占めている。この割合から明らかなように、フランスの商工企業に対する長期信用機関としての役割がクレディ・ナシオナルに与えられているとはいっても、戦災賠償金支払機関としての性格が貸付けの面にも色濃く反映されているといえよう。

第5節　資金の調達

　クレディ・ナシオナルは、資本金および準備金のほかに債券の発行によって資金を調達することができ、その資金を国家によって支払われる戦災賠償金、ならびに定款で定められた貸付けに充てることになっていた。債券の発行は、取締役会の提案に基づき、通常株主総会および特別株主総会で決定される。なお債券の発行については大蔵大臣の認可を受けなければならず、その発行様式は大蔵省令によって定められる。(46)このように、主要な資金調達方法として債券の発行が認められることになったが、しかし銀行取引には種々の制約が課せられた。あらゆる種類の預金の受け入れは禁止されている。(47)

　クレディ・ナシオナルの設立後すぐに、1919年11月19日の大蔵省令によって最初の債券発行が認められた。債券の額面金額は500フランであり、発行枚数は800万枚であったので、発行総額は40億フランであった。表面金利は5％であり、年25フランの利子は年2回に分けて半分ずつ支払われる。債券の償還は、額面金額に100フランのプレミアムを付けて600フランで行われるか、あるいは遅くとも75年後までの間に抽選による賞金をもって行われる。年々の賞金は総額1,000万フランであり、100万フラン、50万フラン、10万フランおよび5万フランの賞金で償還される当選本数は、それぞれ4本、4本、20本、および40本であり、合計すると68本になる。抽選は年4回行われる。債券の元利支払いは国家予算に計上される年賦償還金によって保障され、利子、プレミアムおよび賞金に課せられる、現在および将来におけるフランスの税金はすべてクレディ・ナシオナルの負担とする。すなわち、債券所有者はこれらの税金から免除されることになる。なお、クレディ・ナシオナルは、1940年1月1日から流通する債券のすべて、または一部を前もって償還することができる。以上の条件の下で発行価格495フランに決められ、債券の募集が行われた。応募に伴う払い込み

第5章　クレディ・ナシオナルの設立と初期の活動

は全額が1回でなされた。(48)

　第2回の債券発行は1920年5月20日の大蔵省令によって許可された。債券の額面金額、発行総数、表面金利および利子の支払い方法に関しては第1回と同様であったが、償還は額面どおり500フランで行われるか、あるいは75年間に抽選による賞金をもって行われる。抽選は年8回実施され、年々の賞金総額は2,000万フランとなって前回の2倍であった。100万フラン、50万フラン、20万フラン、10万フラン、5万フランの賞金本数は、8本、8本、16本、24本および48本となり、合計104本であった。なお、クレディ・ナシオナルは1940年1月1日から500フランで債券を償還する権利を有し、税金の負担に関しては前回と同様であった。これらの条件の下で発行価格は485フランに決められ、全額の払い込みがなされた。(49)

　第3回発行は1921年9月24日に大蔵大臣から認可を受けた。債券の額面金額は以前と同様であったが、発行総数は30億フランに引き下げられ、表面金利は6％へ引き上げられた。年々の利子30フランは年2回に分けて支払われる。償還については1921年から1930年までは抽選による賞金でのみで行われ、1931年から1936年までは、それに加えて抽選による額面金額でも行われるようになる。賞金の抽選は年4回実施され、年々の賞金総額は1,300万フランであった。当選本数は50万フラン2本、10万フラン24本、1万フラン96本、5,000フラン96本、1,000フラン6,960本であり、総計7,202本であった。額面金額による償還の抽選は年1回のみ行われる。賞金による償還の場合には当期利札の権利を失うが、額面金額での償還の場合には当期利札の権利を失わない。利子、元金、プレミアムおよび賞金の支払いに関しては、現在および将来にわたって税金が免除されることは前回と同様であった。発行価格は498.50フランに決められた。応募は全額払い込みであったが、その支払いは現金のみでなく、1921年10月24日以前に発行された国防債券をもって行うことも可能であった。国防債券による支払いは、1921年11月10日以前に満期になるものについては額面金額で、満期になら

ないものについては払い込み当日の債券価格で受け取られる。(50)

　第4回発行は1922年1月12日に大蔵大臣の許可を受けたが、以前の発行の場合と異なって債券発行額は決められず、無制限であった。債券の額面金額、表面金利、利子の支払い方法などは前回と同様であった。利子については、現在および将来の税金が免除され、償還方法については、債券保持者の意向によるのであるが、1924年2月1日には500フラン、1927年2月1日には507.50フラン、そして1932年2月1日には525.50フランで償還される。この債券は497フランで発行されたが、その発行から前もって支払われる半期の利子分が差し引かれるので、払い込み時における支払額は482フランであった。応募終了時における債券の応募枚数が942万枚となったので、発行総額は47億1,000万フランであった。(51)

　1922年6月10日の大蔵省令による第5回発行はその総額が32億9,000万フランと決められた。この債券は前回発行のものと類似していたが、発行価格は498.50フランと決められ、債券の償還は、1925年7月1日には500フラン、1928年7月1日には505フラン、1934年7月1日には515フラン、1940年7月1日には530フランで行われる。(52)

　第6回発行は1923年1月9日に大蔵大臣の認可を受けた。債券の額面金額500フラン、表面金利6％、100万枚ずつ6組に分割され、発行総額は30億フランであった。年利子30フランは半期ごとに分割して年2回支払われる。賞金による償還の抽選は1923年5月から4半期ごとに、すなわち5月、8月、11月、および2月に行われ、賞金本数は各組につき年1,200本であった。賞金の配分については、5月抽選分は50万フラン1本、1万フラン2本、5,000フラン8本、1,000フラン289本であり、賞金本数300本、賞金総額84万9,000フランである。8月、11月および2月の各々の抽選分は、10万フラン1本、5万フラン1本、1万フラン2本、5,000フラン8本、1,000フラン288本であり、賞金本数300本、賞金総額49万8,000フランである。かくて、6組全部の1年間については、賞金本数7,200本であり、賞金総

第5章　クレディ・ナシオナルの設立と初期の活動

額が1,405万8,000フランであった。抽選に当たらなかった債券は1948年2月1日に額面金額で償還される。元金およびプレミアム付きの償還は、現在および将来の税金が免除される。ただし、1933年2月1日以降、クレディ・ナシオナルは5億フランの各組ごとに、債券の償還を全部、あるいは部分的に行うことができる。発行価格は498.50フランと決められ、応募に伴う全額支払いは貨幣、銀行券、小切手および振り替えでなされる。(53)

さて、各年の債券発行額は、1919年30億フラン、1920年40億フラン、1921年30億フラン、1922年80億フラン、1923年30億フランであった。表面金利は、1920年まで5％であったが、1921年以降6％に引き上げられた。実効金利は1919年5.50％、1920年5.81％、1921年6.25％、1922年2月6.67-6.76％、1922年7月6.21-6.31％、1923年6.48％であった。この実効金利の動向をみると、1922年2月にはかなり高くなっており、その反動として1922年7月には低下しているが、それは上昇傾向をたどっているといえよう。物価の推移や資金の需給関係から言って資金調達が次第に困難になってきていることの反映である。ちなみに、1924年1月に発行された30億フランの債券は半分しか引き受けられなかった。(55)公債およびそれに準ずる債券の発行額は、1919年319億4,000万フラン、1920年379億5,900万フラン、1921年336億3,000万フラン、1922年219億4,000万フランおよび1923年164億600万フランであり、そのなかでクレディ・ナシオナルの債券が占める割合は、(56)1919年12.5％、1920年10.5％、1921年8.9％、1922年36.5％、1923年18.3％であった。5年間の総計でその割合をみると、15.5％を占めている。

クレディ・ナシオナルは、株式会社形態の私企業として設立されたが、国家の監督下に置かれたために、一方では種々の点で規制が加えられ、他方では支援の措置が講ぜられた特殊な金融機関であり、その設立目的は戦災の賠償金に関する支払いを担当し、またフランス商工業に長期信用を供与することであった。

規制の面については、大統領による頭取および副頭取の任命、業務運営に関する財務監督局の検査、定款の変更には国務院の承認、活動条件について政府と締結する協定の立法府による承認が必要であり、また特殊な金融機関としての性質上、預金、貨幣および証券の受け入れ、手形の割り引きはすべて禁止され、設立目的にとって必要な銀行取引と証券取引だけしか認められなかった。資金の調達は債券の発行に依存したが、その発行には大蔵大臣の許可を受けなければならなかった。政府の支援措置について言えば、発行される債券は、償還、利子、プレミアムおよび賞金の支払いが国家予算に計上される年賦償還金によって保障され、税制上の優遇措置も与えられたし、そのうえ、この年賦償還金には営業費用に充当される加算金が付け加えられた。

　戦災賠償金の支払いに関しては、政府はそれをクレディ・ナシオナルに担当させ、年賦償還金でその負担を行うことによって、多額の財政支出を回避し、国庫の負担を軽減することを意図したのであったが、クレディ・ナシオナルはこのような政府の意向を受けて賠償金の支払いにあたり、1923年末までにその全支払額の3割程度の業務を行っているようにみえる。

　商工業への長期金融については、これまで必要性が認識されながらも適切な金融機関が設立されなかったのであるが、クレディ・ナシオナルの設立にあたってこの金融機能が付与された。賠償金の支払いの終了後においては、この機関の存否は商工業への長期信用業務の成否にかかっているといえよう。しかし、設立時に貸付限度額の8割が戦災地域に限定されたこともあって、初期においては賠償金支払いと関連する貸付が圧倒的に多く、商工業への長期信用機関としての役割については、その成果の検討を行うまでの実験がなされたとはいいがたいように思われる。

　要するに、クレディ・ナシオナルは、初期の活動においては、賠償金支払いおよび貸付の両面から戦災地域の復興に貢献したといえよう。

第5章　クレディ・ナシオナルの設立と初期の活動

【注】
(1) A.Sauvy, t.1, op.cit., pp.19-32.
(2) 換算の方法については、戦前の対ドル外国為替平価と1919年の平均ドル外国為替相場との比較から計算した。戦前の外国為替平価は1ドル＝5.18フランであり、1919年の平均外国為替が1ドル＝7.26フランであったので、この両者から1919年の予算収支を換算すると、94億7,700万フランになる。対連合国負債分を除いた損害額550億フランを94億7,700万フランで割ると約5.8倍になる。
(3) A.Sauvy, op.cit., pp.183-5.
(4) Dalloz, Jurisprudence Générale, Recueil Périodique et Critique, 1919, Quatrième, Partie-Lois et Décrets, pp.49-50.
(5) A.Sauvy, op.cit., p.139.
(6) È.Bonnefous, t.Ⅲ. op.cit., p.226.
(7) R.Boeuf, Le Crédit National, Les Presses Universitaires de la France, 1923, pp.31-3.
(8) R.Boeuf, op.cit., pp.33-4.
(9) R.Boeuf, op.cit., p.49.
(10) Lois approuvant la convention conclué entre le ministre des finances et les fondateurs du Crédit National pour faciliter la réparation des dommages causés par guerre. Jour. Off., 11 octobre, 1919, pp. 11,198-9. なお、この法の次にconventionの条項も記載されている。R.Boeufの著作の付録にはクレディ・ナシオナルの関連資料が掲載されている。
(11) M.Malbrancke, Le Crédit National, Les Édition de L'Épargne, p.6.
(12) R.Boeuf, op.cit., p.34.
(13) R.Boeuf, op.cit., p.35 et 41.
(14) R.Boeuf, op.cit., pp.36-7. Statut, art. 54.
(15) 年賦償還金への加算によって満たされる営業費用は、年賦償還金によって保障された証券額に相応する費用であり、会社だけの責任で借り入れられた資金に基づく取引に対応する費用はこの改訂の対象から除

外される（R.Boeuf, op.cit., p.43, note.）。
(16) 貸付の条件は、定款においては第56条、第57条および第60条に、内部規定では第12条から第19条までに規定されている。詳しくは第4節で述べることにする。
(17) この流通債券には国家予算に計上された年賦償還金によって保障された債券だけが入る（協定第12条）。
(18) R.Boeuf, op.cit., 43.
(19) 協定第16条によれば、協定第2条による貸付けに充てられている資金の全額が、遅くとも50年の終わりまでに国へ返還されるか、あるいは国の口座に記入され、それと同じ時期に、特別準備金は損失を償却した後に清算されることになっている。
(20) 少郡委員会は5名のメンバーから構成される。1.委員長。控訴院の管轄内においては控訴院長によって、管轄外においては法務大臣によって適格者の中から選任される。適格者は、民事裁判所判事および治安判事、あるいは10年の履歴を持つ民事および商事裁判所の元検事、少なくとも10年来正式に登録された弁護士、10年間営業していたか、あるいは10年間連続して弁護士、ないし司法補助吏の職および司法官のなかの職を行っていた元代訴人や元公証人である。2.大蔵大臣および解放地域大臣によって指名された代理人。3.建築家、企業者、あるいは技術者。4.競売吏、裁判所書記、あるいは元裁判所書記、家具の卸売業者および家具と動産物件の評価に特別の権限を有する他のすべての人。5.農業者、工業者、商業者、あるいは評価すべき損害のケースおよび性質に従って就任を要請された熟練労働者（1919年4月17日の法第21条）。
(21) この戦災口座は、銀行口座と同一視されるものではなく、記帳されている金額を必要に応じて引き出して使用することはできない（R.Boeuf, op.cit., p.63）。
(22) 損害を受けた不動産および動産が再利用される場合には、あるいは小郡委員会、ないし戦災裁判所において再利用を約束するならば、債権証書の公布の日から2ヵ月以内に賠償額に対し25％の第1回前渡金を証

明なしに要求することができ、この前渡金は、受けた損害が3,000フラン以上10万フラン未満であれば、3,000フラン以上が支給される。ただし、戦災裁判所において使用が、あるいはより顕著な直接的必要が証明される場合は別である。その後の前渡金は工事の実施や購入に応じて支払われるが、その支払いは証明後2ヵ月以内に行われる（1919年4月17日の法第44条）。

(23) R.Boeuf, op.cit., pp.62-3.
(24) この指示は、Instruction au Crédit National concernant les paiements à faire par cet établissement pour le compte de l'état par application de la loi du 17 avril 1919. であり、R.Boeuf, op.cit., pp.261-72に掲載されている。
(25) R.Boeuf, op.cit., 265-7.
(26) このなかには住宅備品、家具、寝具、布類、衣類および宣戦布告時に3,000フラン以下の装飾品が含まれる（1919年4月17日の法第13条第4項第4号）。
(27) R.Boeuf, op.cit., p.68.
(28) 損害額は原則として戦争勃発前の時点で評価される。不動産に関していえば、その時点における建設、設置および修繕の費用に基づき、老朽化による償却費を差し引いて損害額が算定される。したがって、再利用される場合に、同様の不動産を再建するためには、損害額の賠償だけでは不可能であり、再建費用から損害額を引いた差額が追加費用となる。これらの追加費用は賠償の対象となる（1919年4月17日の法第4条、第5条および第13条）。
(29) R.Boeuf, op.cit., pp.64-5.
(30) この国防債券は1929年5月16日に満期償還になり、利率は5％である（Jour. Off., 1 mars 1923, p.1,991.）。
(31) R.Boeuf, op.cit., pp.71-2.
(32) R.Boeuf, op.cit., pp.81-2.
(33) R.Boeuf, op.cit., pp.194-7.
(34) R.Boeuf, op.cit., p.81. なお、1923年12月31日までの支払い総額の数字

はフランス官報に発表されている貸借対照表（Jour. Off. 13 juin 1924, p.5,380.）に依拠した。
(35) M.Malbrancke, op.cit., p.10.
(36) Crédit National, Éditions Berger-Levrault, 1975, p.19. なお、この本に関しては、著者名なしに出版され、クレディ・ナシオナルの幹部たちの共著であると付記されている。
(37) R.Boeuf, op.cit., pp.115-6.
(38) R.Boeuf, op.cit., p.118 et pp.120-1.
(39) この報告書はクレディ・ナシオナル内部規則第15条に述べられている一件書類の4にあたる。
(40) 貸付委員会は、商工業者から構成され、いくつかの部門に分かれる。各部門は、これらメンバーの3名ないし7名から構成され、そして同類の商工業をできるだけ一つにまとめて対象とする。貸付委員会の各部門は、取締役が議長となり、申請者の商工業の性質を考慮して頭取から送付されてきた貸付申請書を検討する。議決が有効であるためには、少なくとも委員会メンバー2名の出席が必要である（内部規則第13条、第14条）。実際には、8部門が設置されている（R.Boeuf, op.cit., p.122.）。
(41) R.Boeuf, op.cit., pp.118-9 et p.121.
(42) Crédit National, op.cit., p.53.
(43) R.Boeuf, op.cit., p.141. なお、1923年12月末における貸付額の数字はフランス官報に発表された貸借対照表（Jour. Off. 13 juin 1924, p.5,380.）に依拠した。
(44) R.Boeuf, op.cit., p.141.
(45) R.Boeuf, op.cit., p.142.
(46) Statuts, art. 51-3.
(47) 定款第4条において次のように規定されている。「会社はどんな預金、貨幣、証券も受け取ることができないし、上記目的の貸付以外にはいかなる貸付けも供与することができず、またどんな商業手形、あるいはその他の手形も割り引くことができない。以上に定められている会社の社会的目的に必要なもの以外には、いかなる銀行取引も行うこと

第5章　クレディ・ナシオナルの設立と初期の活動

はできない。」
(48) R.Boeuf, op.cit., pp.157-8. なお、債券の利子、プレミアム、賞金の支払いおよび償還が国家予算に計上される年賦償還金で保証されることは、特に述べなくても以下の発行について共通である。
(49) R.Boeuf, op.cit., pp.159-60.
(50) R.Boeuf, op.cit., pp.161-4.
(51) R.Boeuf, op.cit., pp.164-5. J.É., février 1922, p.209.
(52) R.Boeuf, op.cit., p.166. J.É., juillet 1922, p.85.
(53) R.Boeuf, op.cit., pp.167-8. J.É., janvier 1923, p.90 et mars 1923, p.285.
(54) この実効金利は、A.Barriol et I.Brochuが計算した方式に基づき、R.Boeufが示している数字である。
(55) A.Sauvy, op.cit., p.51.
(56) La France économique en 1922, R.É.P., 1923, p.167. La france économique en 1923, R.É.P., p.215.

第6章
外国為替安定資金と国債支持基金

第6章 外国為替安定資金と国債支持基金

外国為替安定資金は金本位制放棄後に外国為替市場で売買操作を行い、外国為替相場を安定させるために設置された機関であり、国債支持基金は国債市場で売買操作を行い、低落した国債価格を回復させ、適切な水準に維持するために設置された機関であった。したがって、両機関は売買操作を行う主体も対象も、またその目的とするところも全く異なっているのであるが、1938年5月17日の措置が実施されることによって国庫と外国為替安定資金との間には資金の貸借関係が形成されることになり、さらに外国為替安定資金と国債支持基金との間には金の売買が行われるようになった。このような措置が取られるようになったのは、それまで運営されてきた外国為替安定基金の経験に基づいてその欠陥を除去するためであった。そこで、3つの機関の間にこのような関係が形成されることによって、外国為替安定資金の操作における欠陥がどのように取り除かれたのであろうか。

そのために、まず、この措置が実施される以前において、外国為替安定資金および国債支持基金がどのような売買操作を行っていたのかを知らなければならないが、しかしその取り引きの状態は発表されていない。したがって、外国為替安定資金については、外国為替相場の推移とフランス銀行の金準備の変動から、また国債支持基金については、国債市場における相場の形成と国債の発行条件から、両機関の売買操作の実績を間接的に推測してみること以外に方法がないであろう。そこで、これら諸要因の変化を当時における政治・経済の動向と関連づけて検討し、両機関の売買操作を評価してみることにする。そして、この検討に基づいて1938年5月17日の措置の意義を考えみることにしよう。

第1節 外国為替安定資金

すでに述べたように、1936年10月1日に貨幣法が公布され、フランの平価切り下げが実施されたが、その時にはフランの金平価は確定されなかっ

た。閣議の決定に基づく政令がフランの新たな金平価を定めるまでの間、フランの価値は品位1,000分の900の金43ミリグラムと49ミリグラムとの間に維持されることになった。そして、この2つの金重量の範囲内にフラン価値を維持する機関として外国為替安定資金（fonds de stabilization des changes）が設置されたのであった。外国為替安定資金は、国庫の名義で、またその責任において、フランス銀行によって管理運営されるが、その管理運営の条件は、大蔵大臣の与えた一般的な指令の枠内で、フランス銀行総裁によって決定されることになっている。なお、フランス銀行は外国為替安定資金との間で金および外国為替を売買することができる。⁽¹⁾

　外国為替安定資金がその使命を果たすために必要な資金は、大蔵大臣とフランス銀行総裁との間で締結された協定に基づき、フランス銀行の保有する金および外国為替の再評価益から拠出された。すなわち、1フランを品位1,000分の900の金65.5ミリグラムとする基準で評価されていた金および外国為替は、貨幣法によるフランの上限価値にあたる1フランを品位1,000分の900の金49ミリグラムとする基準で再評価され、それによる再評価益のなかから1,000億フランが拠出された。⁽²⁾そして、拠出されたその資金が外国為替の売買操作を行うために運用されたのである。

　外国為替安定資金の管理運営は、実際にはフランス銀行によって行われるのであるが、それにもかかわらず、フランス銀行とは別の特殊機関として外国為替安定資金が設置されたのは、外国為替の売買操作に関する情報が明らかにならないように秘密にしておきたかったからである。フランス銀行自体が外国為替の売買操作を直接行った場合には、その操作の結果として生ずる金および外国為替の動きが、直ちにフランス銀行の資産負債週刊報告書に明確な数字で表れることになり、それらの数字の変動を通じて、どのような、またどの程度の外国為替操作が行われたのかを推測できるようになる。かくて、外国為替の変動予測が人々の不安や動揺を引き起こす契機となり、また投機業者に対しては確実な手を打てる情報を与えること⁽³⁾

第6章　外国為替安定資金と国債支持基金

になるので、このような弊害は除去されなければならなかった。

　しかし、その売買操作の秘密を完全に守ることは不可能であった。リストはフランスの外国為替安定資金について次のような指摘をしている。「それはフランス銀行が外国為替相場を維持するために行った操作をヴェールで隠す以外に目的とするものを決してもたなかった。そのうえ、かなり透けて見えていた。フランス銀行は決してロンドンの外国為替平衡資金の成果と同じ複雑なものを期待するつもりはなかったし、またフランス銀行が使用した手持ち資金は、当行の手持ち資金にほかならなかった。そのメカニズムは、会計上の複雑さを除けば、外国為替安定資金がなかった場合に機能したメカニズムと全く同一であった。会計上のヴェールは、金融状態の周囲にほんの少し曖昧さをつくり出し、そして、金と交換にフランス銀行に戻されたフランを無条件に消却させる代わりに、それを特別勘定に積み立てたために、国庫へのさらなる誘惑の原因となった[4]」と。

　外国為替安定資金のメカニズムに関して、リストはフランス銀行が直接外国為替の売買操作を行った場合とほぼ同一であると述べていたが、そのメカニズムは外国為替の売買操作と国内の通貨数量との関係においてみることにしよう。外国為替の需給関係において供給が需要より多く外国為替相場が下落する場合には、外国為替安定資金は外国為替相場の下落を阻止するために市場で買い操作を行う。同資金は外国為替を購入してその売り手にフランで支払うので、国内の通貨数量は増加することになる。さらに外国為替の買い操作が続けられていき、その購入資金が不足する事態になるならば、外国為替安定資金は保有する外国為替、ないしそれを兌換した金をフランス銀行に売って購入資金としてのフランを調達することができる。したがって、フランス銀行が金および外国為替を購入する限り、外国為替安定資金は外国為替の買い操作を続けていくことができる。結局、外国為替の買い操作は金および外国為替の保有量を増加させ、それに対応して国内通貨数量を増加させることになる。

それに反して、外国為替の需要が供給を超過する事態となり、外国為替相場が上昇する場合には、外国為替安定資金は外国為替相場の上昇を阻止するために外国為替の売り操作を行う。同資金は外国為替を売ってその買い手からフランを受け取るので、流通からフランが引き揚げられて国内の通貨数量は減少する。そして、流通から引き揚げられたフランはフランス銀行の特別勘定に積み立てられ、遊休預金として保有される。外国為替の売り操作が続き、外国為替安定資金の保有していた外国為替および金が枯渇する場合には、外国為替安定資金はフランス銀行から金を購入し、その代金を支払うので、フランス銀行における特別勘定の預金額が増加する。したがって、外国為替安定資金の金が消尽してしまったのちに、外国為替の売り操作を続行できる限度は、フランス銀行における金の数量によって制約されてくる。

　かくて、外国為替安定資金が外国為替の売買操作を行うことによって金および外貨準備の増減が生ずるのであるが、その増減と国内の通貨数量との関係を見るならば、金および外貨準備の増加は国内通貨数量の増加となり、金および外貨準備の減少は国内通貨数量の減少となる。このような関係は金本位制の場合におけるメカニズムとまったく同様であって、国際収支の動向が直接国内の通貨数量に影響を及ぼしてくることになる。したがって、イギリスの外国為替平衡資金におけるように、外国為替の売買操作が大蔵証券の売買操作を伴って生ずる国内通貨数量の中和効果をフランスの外国為替安定資金は持っていなかった。[5]

　つぎに、外国為替の買い操作に必要なフランを調達するために、外国為替安定資金が金をフランス銀行へ売り渡すならば、その金は1フラン＝品位1,000分の900の金49ミリグラムの基準で評価される。そこで、外国為替安定資金がこの基準以下のフラン価値に相当する外国為替相場で外国為替を購入していた場合には、損失が生じることなる。[6]反対に、売り操作に必要な外国為替を調達するために、外国為替安定資金がフランス銀行から金

第6章　外国為替安定資金と国債支持基金

を売り渡してもらう場合には、金は1フラン＝品位1,000分の900の金49ミリグラムの基準で売り渡される。かくて、外国為替安定資金がその基準以下のフラン価値に相当する外国為替相場で金を売るならば、利益が生ずることになる。

　外国為替の売買操作は、フランス銀行のもとに設置された外国為替安定資金が行うのであるが、しかし、国庫の名義と責任において行われるのであり、したがって、その操作に基づいて発生する損失および利益は国庫に帰属する。ただし、その損失および利益がすぐに国庫に損失、ないし利益となって表れるわけではなく、外国為替安定資金が清算される時点において、その損益が国庫に発生するのである[7]。なお、その時点で利益が生じていたならば、それは公債の償却に充当される[8]ことになっている。

　すでに述べたように、外国為替の売買操作を秘密にするために、フランス銀行が直接行わず、外国為替安定資金が設置されたのであるから、外国為替安定資金の行った外国為替の売買操作に関しては、当然のことながら公表されていない。したがって、外国為替の需給、外国為替相場の変動およびフランス銀行との間で行われた金取引を通じて外国為替安定資金の機能状況を推測できるに過ぎないが、その機能状況を間接的に推し量ることにしよう。

　貨幣法で定められたフラン価値の上限と下限に相当する外国為替相場は、ポンドについては98.06フランおよび111.75フランであり、ドルについては20.15フランおよび22.96フランであった[9]。最初、外国為替安定資金はフラン価値を上限と下限の中間点に維持しようとする。すなわち、その水準はフランの金重量では46ミリグラムであり、外国為替相場では1ポンド＝104.90フランおよび1ドル＝21.55フランであった。さて、再開された外国為替市場における10月2日の外国為替相場は1ポンド＝105.70フラン、1ドル＝21.40フラン台であったので、外国為替安定資金が維持しようとした外国為替相場の水準にほぼ相当する状態であった。フランの平価切り

199

下げが実施された結果、一時的に通貨不安が解消されたので、外国に逃避していた資本がフランスに還流し、外国為替の供給が増加した。外国為替安定資金は、外国為替の買い操作に必要なフランを調達するために、10月中に50億フランおよび20億フランの2回に分けて合計70億フランの金をフランス銀行に売り渡している。しかし、資本の流入期間は非常に短かった。10月末には資本の流れは逆転し、資本の流出が始まることによって外国為替の需要が増加した。11月以降、外国為替安定資金は外国為替の売り操作に変わるようになるが、その売り操作には外国為替安定資金の保有する金・外国為替が充当されており、フランス銀行に依存することなく年末を越すことになる。1936年10月初めから12月末までの期間においては、パリ外国為替市場におけるポンド相場は最高が105.82フランであり、最低が104.72フランであった。したがって、ポンド相場の変動幅はわずか1.1フランに過ぎなかった。

　しかし、1937年に入ると年初よりフラン平価の平価切下げや外国為替管理が行われるのではないかという憶測が生じ、資本の流出は増加したのであるが、外国為替安定資金は従来道理の方針で、すなわち1ポンド＝105.15フランを維持する対応を続けた。その結果、外国為替の売り操作が続けられ、外国為替安定資金の保有する金・外国為替はすべて使い尽くされてしまい、1月下旬には、外国為替安定資金はフランス銀行から30億フランの金を売り渡してもらわなければならなかった。ブルムの購買力政策にも破綻が生じ、財政困難はますます加重される状態のなかで、人民戦線内閣の社会・経済政策も休止のやむなきに至るのであるが、3月初めには再び外国為替安定資金は外国為替の売り操作のために保有する金・外国為替を全く失ってしまうような事態にまで追い込まれたのであった。

　このような困難を打開するために決定された3月5日の措置によって、外国為替安定資金の管理運営は専門家委員会に委任されることになった。その後、外国為替安定資金は外国為替相場を1ポンド＝105.15フランの水

第6章　外国為替安定資金と国債支持基金

準に維持することを放棄したが、ポンド相場は106フランと107フランの間に維持されていた。しかし、4月に起きた政治的・社会的混乱は資本の不安を招き、資本の流出をさらに増加させた。外国為替の需要は増加し、それに対応する外国為替安定資金の判断の結果であろうが、外国為替相場は下落し始め、4月27日にはポンド相場が111.50フランにまでなり、フラン価値の下限である111.75フランに近い水準になった。財政の悪化した状態はまったく改善されず、国庫が危機的状況になることは予想されたし、また外国為替安定資金からは金が失われていった。そのような状況にもかかわらず、外国為替安定資金はポンド相場を110フラン台に、ドル相場を22.30フランと22.40フランとの間に維持していた。しかし、専門家委員会のメンバーであったリスト、ボードゥエンおよびリュエフは政府の政策に不満を抱き、協力を拒否して辞任を表明した。ブルム内閣は全権法案を否決されて総辞職せざるをえなくなった。外国為替安定資金は、外国為替の売り操作のために、6月17日から7月1日までの間にフランス銀行から85億フランの金を譲り渡してもらわなければならなかった。[13] もはやフランの価値を貨幣法で定められた範囲内に維持することは困難になってきた。

　6月30日の政令法によって貨幣法の改正が行われ、外国為替安定資金はフラン価値を一定の範囲内に維持する義務を免除され、単に外国為替相場を調整する任務のみを負わされた。フランは金重量による規定という束縛から解放されて浮動することになる。社会的緊張、金融不安および政治不安という悪条件のなかで、フランに対する投機の圧力は高まった。外国為替安定資金はこの投機に対抗して直物為替を買い、それを先物為替で売る操作によってポンドおよびドルの繰越取引を減少させようとしたし、また銀行に対して投機的外国為替に融資しないようにも説得した。しかし、外国為替安定資金の対応は、外国為替相場の下落を断固阻止しようというものではなく、むしろフランが実勢に順応すれば、やがて投機も沈静化するであろうという態度であった。[14]

ポンド相場は7月1日には129フランであったが、22日には134フランになった。その後8月末まで、ポンド相場は133フラン台に維持された。だが、9月にはストライキやテロが発生し、社会的・政治的に不安な状態が続いた結果、10月にはポンド相場が151フランにまでなった。しかし、アメリカにおける景気の後退によって株価の下落が生じたので、10月から年末にかけて短期資本がフランスに流入し、外国為替相場は1ポンド＝147フラン台になり、その水準に維持された。外国為替安定資金は外国為替の買い操作に基づく31億フランの金を11月初旬にフランス銀行へ売り渡すほどの余裕であった。けれども、1938年1月には資本移動の方向は逆転して流出に変わった。1月中旬より外国為替相場は下落し始め、外国為替安定資金は外国為替の売り操作を行って市場に介入したのにもかかわらず、外国為替相場の下落傾向を阻止することができずにその負担に耐えらなくなり、市場介入を控えざるを得なかった。1月27日にはポンド相場は154.90フランまで上昇した。さらにまた、国際情勢の緊張と政情不安の高まりのなかで、ポンド相場は3月には165.65フランに、5月初旬には170フランにまで達した。[15]

　要するに、外国為替相場の推移をみるならば、表4－2の月平均外国為替相場に明白に表現されているように、外国為替安定資金は1936年10月から1937年2月までは、1ポンド＝105.15フランというフラン価値の中間水準にほぼ維持することができたが、3月以降この水準を維持することができなくなり、外国為替相場を低落させざるを得なかった。6月の平均外国為替相場は1ポンド＝110.81フラン、1ドル＝22.46フランとなり、その間にフランス銀行の金保有高をかなり減少させる結果となった。貨幣法改正後の7月以降、外国為替安定資金は、市場介入も行ったけれども、外国為替市場における相場の実勢に抗することができず、その動向に追従せざるを得なくなり、月平均外国為替を1ポンド＝178フラン、1ドル＝37フラン台まで低下させることになった。

第6章　外国為替安定資金と国債支持基金

第2節　国債支持基金

1931年以降における国債（rente）および債券（obligation）の相場の推移をみるならば、表6－1によって明らかのように、若干の上昇下落の波動はあるにしても、その相場指数は1931年8月における99.5の最高から1937年5月における72.3の最低に至るまで低落傾向をたどったといえよう。国債に関してこのような傾向が生じたのは、不況の深化によって経済活動の停滞するなかで、歴代政府が毎年予算の均衡を達成させることができず、国債発行高を累積させてきていることにその原因を求めることができるであろう。とくに1936年6月に成立した人民戦線政府のもとでは、フランの平価切り下げとそれに伴った資本の還流によって一時的な国債価格の上昇はあったとはいえ、資本の側における不信感は払拭されず、その後に資本の流出が増加し、予算の支出増加と相まって、国庫に危機的状況がもたら

表6－1　国債および債券の月別指数　　（1913＝100）

	1931	1932	1933	1934	1935	1936	1937	1938	1939
1	95.7	91.5	86.4	78.7	88.9	78.9	77.5	75.1	83.4
2	97.1	90.3	85.3	78.7	89.5	77.9	75.1	74.7	86.5
3	97.9	90.5	81.9	76.9	84.1	75.2	74.6	73.2	86.0
4	99.0	89.0	81.5	81.9	84,8	75.8	72.6	75.6	86.6
5	98.4	85.9	78.5	84.7	82.4	74.7	72.3	76.1	85.1
6	98.8	85.2	79.5	85.6	82.8	73.8	74.6	77.2	84.0
7	98.9	87.4	80.0	82.7	82.4	73.2	75.0	76.5	84.3
8	99.5	88.6	80.2	81.8	83.9	73.2	77.2	76.6	82.9
9	97.7	89.5	81.4	81.3	82.7	75.2	74.8	75.6	77.9
10	94.8	89.1	81.1	82.7	82.1	80.8	75.6	78.3	80.7
11	94.4	88.9	79.6	85.0	78.8	78.8	76.4	80.0	83.7
12	90.8	87.8	79.9	85.8	79.1	78.4	75.5	88.3	85.4

出所：A.Sauvy, t.2, op.cit., p.589.

された。政府は社会・経済改革の一時休止を表明し、資本の側に歩み寄ることによって1937年3月には80億フランの国債を発行することができた。その国債の発行条件は、償還期限60年、発行価格98％、利子率4.5％、元利外国為替保証付きであった。⁽¹⁷⁾

　財政の困難を打開し、健全化していくためには予算の均衡を確保するとともに、国債の整理統合が必要なのであるから、予算の均衡化が難しい状況にあっても、できる限り中・長期債の発行に依存することが望ましいのであろう。国債相場の下落は、投資対象として国債が望ましいと思われていない証拠であり、その反映として利回りの上昇となっている。このような状況の下で、政府が中・長期債を発行しようとすれば、十分な応募が得られるであろうかという懸念もあるし、またその発行条件は不利にならざるを得ない。したがって、国債相場の低迷は財政の健全化にとって望ましくない条件であるといわなければならず、政府はその条件を改善するために何らかの対策を講ずる必要があった。

　さて、ショータン内閣は1937年7月21日に国債支持基金 (fonds de soutien des rentes) を創設する政令を発布した。この政令に関する大統領宛ての報告のなかにこの基金を創設する必要性が説明されているので⁽¹⁸⁾、その要旨を述べておこう。国債市場の低迷している現状は、国家信用自体に悪い影響を及ぼしているし、わが国財政の困難な事態だけからは正当化されないほどに国債相場を引き下げている。そのうえ、正常な活気のある市場であれば、それほど顕著な相場変動を引き起こさないほどの供給が、取引所間で、また同一取引所内で、大きな相場の開きを生じさせるようになっている。さて、政府が投機を抑制し、予算および国庫の均衡を達成するために特段の努力をしている時に、このような国債市場の現状に政府は関心を払わざるを得ない。そして、国債市場のあらゆる改善が行われ、今日のように投機取引によって生ずる不確実性にさらされることがなくなった時には、国債市場は国家信用の信頼回復に寄与するであろう。

第6章　外国為替安定資金と国債支持基金

　このような政府の関心事に対応して国債市場を改善するためには、国債支持基金を創設することが必要である。国債支持基金が設立されるならば、それは、国債市場を規制するようになるが、しかし、自由な取引活動の結果として表れる正常な動きを妨げようとするのではなく、売買注文量に見合った相場変動以上の乖離を抑制する役割を果たすのである。

　7月21日の政令および省令によれば[19]、国債支持基金は、国債市場を調節するために、永久ないし償還国債、中・長期国債を証券市場において売買する権限を付与される。そして、国債支持基金の運営は、国庫の代理人として、また国庫の責任において独立償還金庫に委任され、その売買操作は大蔵大臣の管轄の下でフランス銀行総裁、独立償還金庫金融取引担当専務理事および大蔵省金融局長から構成される管理委員会によって行われる。さらに、実施された売買操作は独立償還金庫に開設される特別勘定に記載される。なお、大蔵大臣の提案に基づき、閣議で承認された政令によって国債支持基金の操作を終了させることができ、その場合は、同基金の保有する国債は破棄され、現金残高はフランス銀行の国家貸付金を返済するために充てられることになっている。

　国債支持基金が国債の売買操作を行うために必要な手持ち資金は、大蔵大臣とフランス銀行総裁との協定[20]によってフランス銀行の金および外国為替の再評価益から拠出された。すなわち、フラン価値の下限にあたる1フラン＝品位1,000分の900の金43ミリグラムの水準で金および外国為替が再び評価替えされ、それに基づく再評価益68億7,100万フランが拠出されたのである。

　当時のル・タン紙においてF.ジェニーは国債支持基金の創設に関して論評を加え、国債市場の現状とその影響、同基金設立の意義およびその業務終了後の清算について述べている[21]。まず、国債市場の現状と影響については、貯蓄として国債の購入がまったくなされなかったり、また延期されたりしているために、国債相場が著しく下落した結果、国庫にとって新規

の借り入れを困難にし、かつ高価にしている。そのうえ、国債相場の下落は、私的信用の条件にも重大な影響を及ぼし、国債費の実質的な節約を不可能にしている。したがって、財政再建の努力をしている時に、この事態を改善するためにできる限りの対策を講ずることは当然である。つぎに、国債支持基金の設立する意義については、同基金がその売買操作にどんな強力な手段を用いたとしても、国債価格を望ましい水準にまで引き上げておくことは不可能であろう。望ましい結果が表れるためには、何といっても、大衆によって絶えず国債の購入が行われることが必要であろう。それゆえに、この基金に過大な期待を持つべきでないが、その点では大統領宛ての報告において指摘されている通りである。この売買操作は自由な取り引きから生ずる相場の形成に対抗しようとするためのものではなく、売買の注文量による取り引きと釣り合わない相場の乖離を排除するためのものであるに過ぎない。かくて、それは相場を人為的に引き上げたり、市場の動向を歪めたりしてはならない。この基金によって行われる売買操作は、刺激的な影響を及ぼすのではなく、安定化の作用を与えるであろう。この安定化の保証が貯蓄者に与えられるならば、財政の健全化と相伴って予算の乱脈、国庫の困難、さらには貨幣不安のためにこれまで久しく国債市場から遠ざかっていた大衆を再び呼び戻すことができるであろう。

　さらに、国債支持基金の業務終了後の清算については、インフレーションとの関連において検討が加えられている。その論旨によれば、まず、同基金が業務終了時に保有する国債は破棄されることになっているが、この償却は新たに創造された銀行券で長期債の一部を償還したことになるのであり、そのこと自体は決して推奨すべき操作ではない。しかし、国債支持基金の業務終了時における可処分現金残高が、さらに外国為替安定資金の清算時にはその清算収益のなかから、国債支持基金への最初の拠出金よりその現金残高を差し引いた額まで、フランス銀行の国家貸付金へ返済されることになっている。この点は1936年9月の協定よりも改善されており、

第6章　外国為替安定資金と国債支持基金

国庫が一時的にせよさらに国債発行に依存しなければならない状況のもとで、この改善策がとられなかったならば、国債支持基金に予備金を確保させるためのインフレーションが世論を心配させることになるであろう。

さて、国債支持基金が創設された前後における国債の相場についてみよう。7月9日から7月16日までの1週間では、すべての国債価格が激しく下落している。1918年4％国債は72.20フランから65フランへ、3％国債は73.85フランから67フランへ、1917年4％国債は72.70フランから66.35フランへそれぞれ下落し、それらの下落率は9.9％、9.2％および9.1％であった。この下落はマルセイユで開かれた社会党大会の帰結とそこでのいくつかの演説が国債の購入意欲を減退させ、投機筋が売りにまわったからであるといわれている。[22]しかし、7月17日から7月23日までの週においては、政府が国債支持基金の創設を発表し、それが好材料となって買いを喚起し、全面的な相場の上昇となって表れた。1918年4％国債は71.25フランへ、1917年4％国債は72.25フランへ、3％国債は72.60フランへ上昇し、それぞれ9.6

表6-2　国債の相場　　　　　　　　（フラン）

	7/2	7/9	7/16	7/23	7/30	8/6	8/13	8/20	8/27
3％	71.15	73.85	67..	72.0	72.95	74.20	74.60	74.15	75.35
5％ 1920	93.50	94.50	89.70	94.20	93.75	95.85	97.20	96.90	99.70
4％ 1917	70.75	72.70	66.35	72.25	72.15	73.90	75.10	74.90	76.05
4％ 1918	70.25	72.20	65..	71.25	71.10	73.20	74.05	73.75	74.85
4％ 1925	95.75	101.60	97.60	102..	100.30	102..	104.30	103..	102.55
4.5％ 1932 A発売分	73.75	77.10	67.70	74.20	74.65	76.90	78.35	77.65	79.97
－ B発売分	72.55	75.65	69.25	74.90	75.10	77.50	78.75	78.60	80.75
4.5％ 1937	99.65	100.20	94.85	100.03	98.15	100..	103.85	100..	100.80
独立償還金庫債券	753..	761..	695..	747..	750..	767..	784..	774..	798..
国庫債券 4.5％ 1933	784..	799..	738..	787..	785..	818..	839..	818..	856..
国庫債券 5％ 1933	978..	968..	950..	963..	969..	981..	991..	992..	991..
国庫債券 5％ 1934	947..	935..	920..	932..	939..	965..	981..	980..	982..
国庫債券 4.5％ 1934	945..	939..	924..	934..	935..	965..	972..	972..	974..

（注）4％ 1918 7/2、4.5％ 1932A発売分 7/16および4.5％ 1937 8/20の相場は利札落ちである。
出所：Le《Temps》Financier, 5 aout 1937, p.3.

%、8.8％および8.3％の上昇率であった。これらの国債相場は7月9日の水準までには回復していないが、先週の下落をほぼ取り戻すほどの状態であった[23]。

　7月30日における国債相場は、7月23日に比較して3％国債および1932年4.5％国債は上昇し、他の国債はすべて下落したが、上昇および下落の幅はわずかであった。そのなかで外国為替保証付き国債の下落幅が相対的に大きかったのはアングロサクソン外国為替市場におけるデタントの影響であった[24]。さらに1週間後の8月6日の国債相場は7月30日に比して全面高となり、しかもその上昇幅は先週の下落幅を上回った。この上昇は8月3日にフランス銀行の公定歩合が引き下げられ、さらに翌日には1934年4.5％国庫債券の長期債化が発表され、それらの好材料が刺激となって相場は活気を呈した[25]。8月7日から8月13日までの1週間には、大蔵大臣ボネの演説が好印象を与え、それがこの週の初めに相場の上昇をもたらしたが、その後に相場を下げて週末には先週末に比して若干の上昇になっていたに過ぎなかった[26]。次週8月20日の国債相場は先週末より全般的に下落しているが、その下げ幅はわずかであった。相場の下落は国際情勢の緊張と相場の上昇による売りの増加によるものであった[27]。

　さて、国債支持基金が創設されてからほぼ1ヵ月間にわたって国債相場の変動を見てきたのであるが、その間には相場の変動を引き起こす要因、すなわち公定歩合の引き下げや国際情勢の緊張などがあって国債相場を上昇下落させ、その相場には国債支持基金の創設だけの影響が表れたわけではない。しかし、7月16日と8月20日の国債相場を比較するならば、国債のなかで最も値上がり率の高かったのは、1932年4.5％Aであって、67.70フランから77.65フランへ、9.95フラン高であり、14.6％の上昇率であった。最も値上がりの低かったものでも、1937年4.5％の7.15フラン高であり、5.4％の上昇率であった。

　つぎに、国債の月別相場についてその動向を見てみよう。表6－3によ

第6章 外国為替安定資金と国債支持基金

表6-3 国債の相場 (フラン)

	3%	4%1917	4%1918	5%1920	4%1925	4.5%1932A	4.5%1932B	4.5%1937
1937, 1	75.10	74.50	73.70	96..	94.90	77.70	78.15	—
2	72.85	71.70	70.60	94.65	95.20	74.40	74.90	—
3	71.25	71.45	71.50	96.90	92.10	74.50	75.40	—
4	64.35	64.30	64..	91.50	90.15	69.95	68.95	—
5	62.70	63.30	62.40	92.45	86.30	68.30	67.25	93.10
6	69.90	68.15	68.25	93..	92..	72.65	71.45	97.20
7	72.95	72.15	71.10	93.75	100.30	74.65	75.20	98.15
8	75.95	76..	74.75	99.85	101.75	79.85	80.75	100.20
9	72.50	70.50	70.25	96..	100.80	76.15	77.20	101.20
10	73.40	69.20	68.35	94.65	101.55	75.40	74.40	103.50
11	71.90	70.40	69.05	96..	101.80	76.35	75.05	102.60
12	69.65	67.40	67.20	94.50	104.75	75.15	73.85	103.95
1938, 1	69.55	66.30	65.15	93.15	106.85	72.75	73.40	107.20
2	68.70	65.50	64.30	92.25	105.45	71.05	71.70	105.70
3	69.10	65.80	65.80	90..	106.80	70.55	71.20	109.10
4	72.80	71.40	70.50	93.10	113.90	76.20	74.60	117.45
5	74.25	72.40	71.05	98.25	125.25	77.80	75.75	122..
6	75..	72.80	72.90	98.60	128.15	80.50	78.60	125.60
7	73.95	71.45	70.25	95.80	131.50	77.45	77.30	131.30
8	75.55	73.60	72..	98.10	134..	79.60	79.50	132.50
9	75.45	72.25	71.50	97..	132.45	78.50	78.40	134.60
10	79.55	74.75	73.95	95.95	129.75	80.95	78.85	131.40
11	80.75	81.40	81.15	103.50	145..	85.15	83..	139.95
12	88..	90.15	90..	119.60	159.50	92.10	91..	157.35
1939, 1	82.35	82.80	81.25	109..	151..	84.85	85.10	150.40
2	84.25	87.25	86.35	116.25	160.60	90.20	90.70	156.40
3	81.75	83.70	83.90	113..	157.95	87.75	89.15	154.20
4	81.25	84.30	83.45	111.80	159,45	88.75	87.85	156.85
5	79.95	83.50	82.75	112.80	162.10	88.95	87.40	157.50
6	75.40	78.30	78.35	107.60	162.55	85.30	83.40	154.40
7	76.25	79.90	79.50	111..	165.10	85.10	86.15	160.25
8	73.65	77..	76..	107.40	151.50	83..	83.70	160..

出所：Le Tempsの月末証券相場表から作成。

って明らかになるように、相場の形成においてほぼ同じ傾向を示しているように思われるが、今外国為替保証付き国債（1925年4％および1937年4.5％）を除いてその他の月別相場の傾向を示すならば、7月および8月には上昇したが、9月には下落している。この下落はストライキやテロリストの活

動による社会的・政治的不安と国際情勢の緊張によるものであった。その後、11月には相場が若干持ち直したが、1938年3月まで下落しているとみることができよう。もっとも3月末には相場が若干上昇しているものもある。1月から3月にかけて資本の流出が増加し、3月には国庫収支の悪化とそれに伴うショータン内閣の総辞職、ドイツ軍のオーストリア侵攻、さらにブルム第二次内閣の成立という政治的にも国際的にも不安定な状態であった。4月にはブルム内閣が瓦解し、第三次ダラディエ内閣が成立して人民戦線は事実上崩壊した。4月以降、相場は上昇傾向をたどった。

国債の発行に関しては、1936年には長・中期債の発行が難しくなり、かなりの減少となったために、短期債への依存度が増加し、その結果、短期の国庫債券発行額はその償還額を73億6,000万フランも超過していた。[28]1937年には、すでに述べたように、3月には償還期限60年、利子率4.5％、外国為替保証付きの発行が可能になった。国債支持基金創設後においては、9月および12月に国庫債券が発行された。前者は償還期限5年、ないし10年、利子率5％、発行価格94％であり、償還額は5年で額面、10年で額面の108％であった。その実質金利は6.52％に相当する。後者は償還期限3年、6年、ないし9年、利子率5％、発行価格95.5％であり、償還額は3年で額面、6年で106％、9年で112％であった。かくて、実質金利は6.78％であった。なお、1937年における短期国庫債券の償還を上回る発行額は9億6,900万フランに過ぎなかった。[29]1938年になって2月には国庫債券が償還期限4年、8年、ないし12年、利子率5.5％、発行価格94％、償還額については4年で額面、8年で109％、12年で118％という条件で発行された。実質金利は7.39％であった。また、同月にはクレディ・ナシオナル債券も発行されたが、それは償還期限40年、利子率6％、発行価格94％、賞金付きで抽選による年2回の償還であり、実質金利は7.05％であった。かくて、1938年初期においてはかなり高い実質金利であったといえよう。[30]

国債支持基金については、1937年末における国債相場の水準からみれば、

第6章 外国為替安定資金と国債支持基金

基金の活動は国債に対する大衆の不満増大を解消するためには、なお不十分なものであったとする見解が述べられていたが、1938年3月における国債の相場は12月の水準よりさらに下落していた。また、かなり高い実質金利は、国債発行による資金調達にとって負担が大きく、財政再建にとって不利な条件であった。かくて、この時点においては、国債支持基金の活動は国家信用の信頼回復にとってそれほど寄与したとは言えないであろう。

第3節　1938年5月17日の措置

　国庫に対して外国為替安定資金への貸付を認める政令法および国債支持基金の手持ち資金で外国為替安定資金から金購入に使用することを可能にする省令が1938年5月17日に公布された。この政令法に関して大統領宛に提出された報告のなかでこれらの2つの措置を必要とする理由が述べられている。それによれば、外国為替安定資金が外国為替の売買操作を行ってきた経験に基づくならば、その任務の遂行にとって望ましい柔軟性がまったく与えられていなかった。同資金は、買い操作の結果として過剰な金を保有するようになった場合には、それをフランス銀行の金準備に売り渡して必要なフラン資金を調達し、それとは反対に、売り操作によって外国為替の補充が必要になった場合には、フランス銀行金準備から金を買うことができた。しかし、このような取り引きがしばしば行われることは、外国為替安定資金にとって不本意であり、できるだけ避けたほうが望ましい。また、発券銀行の金準備に関しては、貨幣準備という役割から言ってそれには固定額が必要であるし、さらにフラン防衛のために第一線準備として常に利用可能であり、すぐに移動させ得る金準備の余裕が保有されていなければならない。そこで、外国為替安定資金にはしばしばフランス銀行の金準備に依存することなく売買操作ができるようにするために、またフランス銀行には必要にして十分な金準備を確保させておくために、政令法お

よび省令による2つの措置がとられた理由になっている。

　現在までは一時的な解決法として、外国為替安定資金は保有する過剰な金を国庫に購入してもらい、その代わりに起こりうる外国為替のあらゆる変動に対して国庫に責任を負わせるという対策が講じられていた。しかしながら、今や決定的な解決法がとられるべきである。かくて、外国為替安定資金の売買操作のために国庫の保有資金を利用させ、操作能力を増強する措置がとられた。現在、大量の資本が流入し、国庫には豊富な資金が保有されているので、それはまさに当然の、かつ有効な解決法である。さらに、それを補完する意味において、国債支持基金の機能する条件に変更が加えられた。同基金はフランス銀行によって独立償還金庫のもとに開設された勘定にその保有資金を預託できるのではあるが、その資金をもってフランス銀行の保管のもとに置かれる金を購入することができるようなった。この措置によって、貨幣法を変更することなく、外国為替安定資金はその過剰な金を国債支持基金に吸収してもらい、同資金の売買操作にとって望ましい柔軟性が確保されることになると述べている。

　これらの措置を実施するために、政令法の第1条において「大蔵大臣は、国庫の手持ち資金に基づき、外国為替安定資金に対して常時返済可能な無利子貸付けを認める権限を与えられる」と定められたし、また1937年7月22日の国債支持基金創設に関する政令を施行する省令第4条を変更し、「国債支持基金の手持ちの資金は、その目的のためにフランス銀行によって独立償還金庫に開設された勘定に払い込まれるか、あるいはフランス銀行の保管のもとに置かれる金の購入に一時的に利用される」と規定されたのである。

　さて、これらの措置によって国庫、外国為替安定資金および国債支持基金の間に相互依存関係が形成され、外国為替安定資金の売買操作に柔軟性が与えられたことは、その売買操作の秘密が今まで以上に守られるようになるであろう。資本の流入増加によって外国為替の供給が増加する場合に

第6章　外国為替安定資金と国債支持基金

は、外国為替安定資金は買い操作のためにフラン資金を必要とする事態が起こりうるが、それを国庫から借入によって調達できるようになったので、同資金はフランス銀行へ金を売り渡して買い操作に必要なフラン資金を獲得しなくてもよくなった。なお、国庫は資本の流入によってその資金が潤沢になるので外国為替安定資金に貸付けることが可能である。さらに、外国為替安定資金は余剰な金を国債支持基金に売り渡して保有してもらうことができ、その方法でもフラン資金を取得できる。流入してきた資本が国債市場にも導入されるならば、国債相場も上昇するであろう。かくて、国債支持基金は、買い操作の必要がなくなるので、手持ち資金を外国為替安定資金から金購入に充てることができるであろう。

　これに反して、資本の流出が増加し、外国為替の需要が増大する場合には、外国為替安定資金は、売り操作によって取得したフラン資金の余剰分を国庫に返済し、また売り操作のために金を必要とする事態が起こるならば、そのフラン資金で国債支持基金から金を購入すればよい。したがって、外国為替安定資金は直ちにフランス銀行から金を売り渡してもらう必要がなくなる。なお、国庫にとっては、資本の流出が国庫の保有資金を減少させるとすれば外国為替安定資金から返済されてくることは好都合であろうし、国債支持基金にとっては、資本の流出によって国債の売りが多くなり、国債相場の下落が生ずるとすれば、外国為替安定資金への金の売渡しによって国債の買い操作に必要な資金が増強されることになる。

　上述のように、3つの機関がそれぞれの本来的機能と矛盾することなく、資金を融通しあう補完的関係が形成され、外国為替安定資金の売買操作に柔軟性が与えられたのであるが、しかし、この柔軟性には限界があることを認めなければならない。外国為替安定資金がフランス銀行に依存することなく、自己保有のフラン資金を超えて外国為替の買い操作を行える限度額は、国庫の貸付可能な資金額および国債支持基金の金買取可能な資金額から規制されてくるだろう。ただし、国庫の貸付はその必要に応じていつ

でも返済されなければならないことが考慮に入れておかなければならない。これに反して、外国為替安定資金がフランス銀行の金準備に頼ることなく、現実に外国為替の売り操作を行うことのできる限度額は、それ自身の保有する金および外国為替に国債支持基金の保有する金を加えた額になるであろう。そうすると、外国為替安定資金が以前よりも売り操作を拡大できる額は、それ自身の保有している金および外国為替のうち国庫からの貸付によって買い入れた分および国債支持基金の保有する金量に相当する額になるであろう。

　つぎに、国内の通貨数量に及ぼす影響については、外国為替安定資金が単独で外国為替の売買操作を行う場合には、すでに述べたように、金本位制のもとで表れる影響とまったく同一であったが、これら3つの機関に相互依存関係が形成された場合には異なってくるだろうか。外国為替安定資金が国庫から借り入れた資金で買い操作を行うならば、同資金からフランが支払われていくのでそれだけ流通数量は増加する。それに対して国庫債券の発行を増加させるならば、フランが流通から国庫に吸い上げられるので流通数量は収縮することになる。また、外国為替安定資金が買い操作で取得した金を国債支持基金に売り渡し、その時に同基金が国債の売り操作を行うならば、フランが流通から吸い上げられるので流通数量を減少させることができる。これとは反対に、外国為替安定資金が売り操作を行ってフランを流通から引き揚げると、それだけ流通数量が減少するが、同資金が売り操作で取得したフランをもって、国庫へ返済し、国庫がそれをもって国庫証券の償還を増加させるならば、流通数量は増加する。さらに、外国為替安定資金が売り操作を続けるために国債支持基金から金を買い戻すならば、同基金が金を売って取得したフランをもって国債の買い操作を行い、通貨数量を増加させることができる。

　そのように考えるならば、外国為替安定資金の売買操作に基づく通貨数量の増減は、国庫が貸付け・返済に対応して国庫債券の発行・償還を増加

第6章 外国為替安定資金と国債支持基金

表6-4 外国為替安定資金への国庫貸付金　（百万フラン）

年　月	貸　付	返　済	増　減	残　高
1938, 5	4,300	－	4,300	4,300
6	3,100	5,630	－2,530	1,770
7	680	250	430	2,200
8	300	1,950	－1,650	550
9	－	550	－550	－
10	－	－	－	－
11	12,500	－	12,500	12,500
12	1,350	3,500	－2,200	10,300
1939, 1 － 2	2,050	2,350	－300	10,000
3	1,200	5,200	－4,000	6,000
4	－	2,250	－2,250	3,750
5	2,150	1,400	750	4,500
6	4,700	2,200	2,500	7,000
7	1,000	500	500	7,500
8	－	5,500	－5,500	2,000

出所：Jour. Off., Situation résumé operation du Trésor, Cadre XII, Avances du Trésorから作成。

表6-5 普通国庫債券の収支　（百万フラン）

	75日－105日			6ヵ月および1年			差額合計
	収　入	支　出	差　額	収　入	支　出	差　額	
1938, 5	8,133	3,437	4,696	2,095	4	2,091	6,787
6	4,052	3,768	284	497	4	493	777
7	1,832	2,088	－256	2,043	59	1,984	1,728
8	8,383	9,351	－968	228	149	79	－889
9	1,611	2,339	－728	256	75	181	－547
10	3,891	3,814	77	1,104	15	1,089	1,166
11	3,831	6,063	－2,232	1,369	686	683	－1,549
12	2,375	2,608	－233	1,461	235	1,226	993
1939, 1 － 2	8,024	7,049	975	3,252	656	2,596	3,571
3	3.817	3,941	－124	1,492	96	1,396	1,272
4	2,071	2,768	－697	659	256	408	－289
5	5,369	4,805	563	2,041	2,081	－40	523
6	3,506	3,133	373	1,841	1,927	－86	287
7	3,985	4,115	－130	826	2,731	－1,905	－2,035
8	2,504	3,642	－1,138	624	1,496	872	－266

出所：Jour. Off., Situation résumée des operation du Trésor, Cadre XIII, Émissions et remboursements d'empruntsから作成。

させて、また国債支持基金が金の買い入れと売り戻しに対応して国債の売買操作を行って中和させられるように思われる。しかし、相互にこのような対応操作が可能であることとそれを意図的に行うこととは別問題である。国債支持基金の売買操作に関しては資料がなくて判断できないが、外国為替安定資金への国庫貸付金および普通国庫債券の収支を見る限り、国内の流通数量を中和させるような対応操作を国庫が意図的に行った形跡は見られないように思われる。

これらの措置以降において、フランス銀行の金保有高、外国為替相場、国債相場および国債の発行条件がどのような推移をたどったかを見ておこう。まず、フランス銀行の金保有高については、1938年5月には558億800万フランであった。その後、11月17日の金および外国為替の再評価までは

表6－6　フランス銀行の金保有高（月平均）　（百万フラン）

	1936	1937	1938	1939
1	65,912	59,609	58,933	87,265
2	65,322	57,359	55,806	87,266
3	65,725	57,359	55,807	87,226
4	62,828	57,359	55,807	89,776
5	58,158	57,359	55,808	92,266
6	54,509	56,734	55,808	92,266
7	54,682	48,859	55,808	92,266
8	54,755	55,709	55,808	97,266
9	52,630	55,778	55,808	
10	62,159	55,805	55,808	
11	64,359	58,150	(1)	
12	60,359	58,933	87,265	

（1）比較基準を欠くので平均は意味がない。
出所：1936年1月から1939年4月までは、La France économique en 1936, R.É.P., 1937, p.630. La France économique en 1937, R.É.P., 1938, p.580. La France économique en 1938, R.É.P., 1939, p.1,025.
　　　1939年5月以降はJour. Off. のSituation hebdomadaire la Banque de Franceから計算した数字である。

第6章　外国為替安定資金と国債支持基金

ほとんど同額に維持されていたが、この再評価によって872億6,500万フランになった。ただし、金重量で見れば同額である。1938年12月から1939年3月まではほんのわずかな増加に過ぎなかったが、4月には50億フランの増加となり、さらに8月にも50億フランが増加している。これらの増加は外国為替安定資金からの売渡によるものであった。なお、開戦前におけるフランスの金準備額は、外国為替安定資金に160億フラン、国債支持基金に20億フラン、フランス銀行に970億フラン、合計すると1,150億フランであり、純金量では2,846トンであった。(35) フランス銀行の貨幣準備を増強するという意味では望ましかったのであろうが、外国為替の売買操作の秘密保持が完全に守られたわけではなかった。

表6－7　外国為替安定資金の金保有高および売買状態

	金保有高			売買の状態	
	重量（品位 900/1000, kg）	価額 （フラン）	売買の種類	重量（品位 900/1000, kg）	価額 （フラン）
1938, 10	54,776.2148	2,067,369,049.05 (1)	貨幣準備金へ売渡し	0.0336	78.94
11	128,725.5460	4,941,924,838.99	貨幣準備金へ売渡し	8.9011	207,002.58
12	－	－	国債支持基金から買戻し	47,222.2220	1,700,000,000.00
1939, 1	326,944.7952	12,502,442,858.82	貨幣準備金へ売渡し	1.1108	40,391.91
2	376,485.0264	14,321,098,485.03	貨幣準備金へ売渡し	9.4636	344,129.28
3	459,131.9448	17,423,319,020.15 (2)	無し	－	－
4	495,942.6026	18,835,194,881.89 (2)	国債支持基金へ売渡し	55,555.5550	2,000,000,000.00
5	393,441.7632	14,938,399,881.97 (2)	貨幣準備金へ売渡し	137,500.1893	5,000,006,638.38
	415,687.5301	15,772,582,018.20	無し	－	－

（1）国債支持基金の17億フランを含まない。
（2）国債支持基金の20億フランを含まない。
出所：Jour. Off., 25 septembre 1939, p.11,751.

1938年5月以後の外国為替相場については、5月5日、ダラディエ政府は1ポンド＝179フランを下限としてそれ以下にフラン価値を引き下げないことを公表した。月平均外国為替相場によってその推移をみるならば、5月には1ポンド＝176.25フランであったが、その後、国際情勢の緊張による資本の流出が生じ、ポンド相場は6月以降上昇して178フランになっていた。9月末に戦争の危機は一応回避されたが、マルシャンドーの経済・財政再建案をめぐって閣内の対立が起こり、やがてレイノーの再建案に基づいて政令法が公布されることになる。ポンド相場は10月に178.81フラン、11月に178.67フランになっている。それ以後、ポンド相場は徐々に下落して1938年8月には176.42フランにまでなっていた。したがって、ポンド相場で見る限り、ダラディエの公約は達成されているのであるが、だからといって、フランの価値が安定していたわけではない。ドル相場で見るならば、1938年5月には35.47フランであったのに、1939年8月には38.39フランにまでなっていた。フランの価値は8.2％程度下落していたのである。

　国債の相場に関しては、表6－3に示されているように、外国為替保証付きの4％1925年および4.5％1937年国債を除いて考えるならば、3％、4％1918年および4.5％1923年Bの3つの国債は同一の趨勢を示している。1938年4月から6月まで上昇し、7月には下落するが、8月には上昇に転じたのに、9月には国際情勢の悪化を反映して下落している。その後、戦争の危機が回避され、10月から12月まで上昇し、とくに12月のかなり大きな上昇はレイノーの経済・財政再建案の実施およびゼネストの失敗による資本の信頼回復と資本の流入増大に基づく結果であった。しかし、1939年1月にはまた下落し、2月には上昇したけれども、3月以降は下落傾向をたどった。ただし、7月には若干の上昇があった。この趨勢に対して他の国債が示した異な変化を指摘しておこう。4％1917年国債は1939年4月に下落せず、逆にわずか上昇して5月から下落している。5％1920年国債は1938年10月まで下落して11月から上昇し、さらに1939年5月にわずかな上

昇を示している。4.5％1932年A国債については1939年3月には下落するが、4月および5月に上昇して6月から下落した。

　1938年4月を基準にして相場の最高水準になった1938年12月および第二次世界大戦前の1939年8月を比較するならば、前者の上昇率は、それぞれ国債によって異なるが、20.8％〜28.4％の範囲になっている。後者の上昇率は、3％国債の1.1％の上昇を除外すれば、7.8％〜12.1％の程度であった。なお、相場最低になった1937年5月を基準にとるならば、前者は29.3％〜44.2％の上昇率であり、後者は16.1％〜24.4％の上昇率であった。

　国債の発行に関しては、1938年初期にはかなり高い実質金利の負担であったことはすでに述べた通りであるが、同年5月に発行された独立国防金庫債券は、利子率5％、発行価格98％であり、1941年から1968年までの間に3年ごとに償還され、償還額は抽選による場合には額面の120％、所有者の選択による場合には額面であった。この債券の実質金利は5.93％であった。また、8月から発行されたP.T.T.債券は、利子率6％、発行価格95％、償還期限30年、半年ごとの抽選による額面償還と取引所での買戻しの2つの方法で償還される。この債券の実質金利は抽選の場合には6.63％、買戻しの場合には6.48％であった。さらに、1939年5月に発行された国債は利子率5％、償還期限40年、発行価格98％であり、その償還は年2回の抽選による額面償還と取引所での買戻しで行われる。この国債の実質金利は抽選の場合には5.20％であった。したがって、実質金利が1938年初期の水準に比べて低下しているのを見ても、また、1937年3月に外国為替保証付きで国債を発行せざるを得なかった状況を考えるならば、国家信用の条件はかなり改善されたといえよう。

　金本位制放棄後、弾力フランのもとでは外国為替相場を安定させるためにフランス銀行の金準備を犠牲にしたのであるが、それでも外国為替相場を一定範囲に維持することができなくなり、次の浮動フランのもとで外国為

替相場は下落傾向をたどった。しかし、1938年5月以降にはダラディエの公約通りにポンド相場を179フラン以下に維持することができるようになった。

　国債の相場は1937年5月に最低水準にあったが、それ以後、上昇下落の波はあったとはいえ、傾向的には上昇し、1938年12月にはかなり高い水準となり、外国為替保証付き国債を除き、その上昇率は平均37.9％にも達した。その後、国際緊張の高まりのなかで国債の相場は低落傾向をたどったが、1939年8月の相場においても、1937年5月の相場に比して平均20.3％高い水準であった。さらに、国債の発行条件においては、その実質金利は1938年初期における高い水準から順次低下しているし、とくに、1937年3月に外国為替保証付きで国債を発行せざるを得なかった状況を考えるならば、国家信用の回復はかなりの程度達成されたとみることができよう。

　かくて、外国為替安定資金、国債支持基金および国庫の間に相互依存関係が形成された1938年5月以後において、外国為替安定資金の目指した外国為替相場の安定と国債支持基金の意図した国債相場の適正な水準までの引き上げは、現象的結果だけを見るならば、ある程度所期の目的を果たしているように見える。しかしながら、これらの成果は2つの機関の売買操作だけで成就されたわけではない。両機関の売買操作はいわば対症療法に類するものであって、原因療法とはなりえないからである。

　しかし、外国為替安定資金および国債支持基金の売買操作が根本的対策になりえないからといってまったく意味がなかったわけではない。投機的取引による過度の変動を抑制するために、根本的対策を講じるまでに事態があまり悪化しないように歯止めをかけるために、それなりに有効であったように思われる。

第6章 外国為替安定資金と国債支持基金

【注】

(1) Loi monétaire, Art. 2 et 3. Jour. Off., 2 octobre 1936, p.10,402.
(2) Convention entre le Ministre de Finances et le Gouverneur de la Banque de France, Jour, Off., 2 octobre 1936, p.10,402.
(3) A.Mittelstädt, op.cit., S.84.
(4) C.Rist, Le Fonds d'Égalisation des Changes et leur Action sur les Prix et sur l'Actvité économique, R.É.P., 1938, p.1,543.
(5) R.Solomon, The French Exchange Stabilization Funds, Federal Reserve Bulletin, january 1950, p.37.
(6) A.Mittelstädt, op.cit., S.86.
(7) Banque Nationale de Belgique, Le Fonds francais de Stabilisation des Changes, Bulletin d'Information et de Documentation, Année 27, 1952, p.345.
(8) Convention entre le Ministre des Finances et le Gouverneur de la France, Art.3, Jour. Off., 2 octobre 1936, p.10,403.
(9) Germin-Martin, Le Problème financier 1930-1936, p.410.
(10) 拙稿、金本位制放棄後のフラン―1936～1939―、北海学園大学　学園論集、第65号、6ページ。
(11) A.Mittelstädt, op.cit., S.86.
(12) 拙稿、上掲論文、8-9ページ。
(13) 拙稿、上掲論文、9-10ページ。
(14) A.Mittelstädt, op.cit., S.90-91.
(15) 拙稿、上掲論文、12-16ページ。
(16) La France économique en 1937, R.É.P., 1938, p.607.
(17) op.cit., p.589.
(18) (19) Jour. Off. 23 juillet 1937, pp.8,334-5.
(20) op.cit., p.8,335.
(21) Le Temps, 26 juillet 1937, p.3.
(22) op.cit., 19 juillet 1937, p.3.
(23) op.cit., 26 juillet 1937, p.3.

(24) op.cit., op.cit., 2 aout 1937, p.3.
(25) op.cit., 9 aout 1937, p.3.
(26) op.cit., 16 aout 1937, p.3.
(27) op.cit., 23 aout 1937, p.3.
(28) La France économique en 1936, R.É.P., 1937, pp.692-3.
(29) La France économique en 1937, R.É.P., 1938, p.552 et p.644.
(30) Jour. Off., 2 février 1938, p.1,363. La France économique en 1938, R.É.P. 1939, p.1,000 et p,1,112.
(31) La France économique en 1937, R.É.P., 1938, p.552.
(32) Jour. Off., 18 mai 1938, p.5,597.
(33) (34) op.cit., pp.5,597-8.
(35) 拙稿、上掲論文、20ページ。
(36) Jour. Off., 14 mai 1938, p.5,454.
(37) op.cit., 28 aout 1938, pp.10,235-6. La France économique en 1938, R.É.P., 1939, p.1,000.
(38) Jour. Off., 4 mai 1939, p.5,659.

おわりに

おわりに

　第一次世界大戦後のインフレーション、フランの安定化政策、金本位制および金本位制放棄後のフランの変遷とたどってきたが、この大戦間期のフランの考察から得られる若干の帰結を指摘しておこう。それはインフレーションとデフレーションについての問題である。

　第一次世界大戦後、フランスは荒廃した国土の復旧と人的物的な損害の補償のために多大な財源を必要としたが、政府はその財源を公債発行とフランス銀行の国家貸付金に求め安易な赤字財政を続けた。度重なるフランス銀行の抵抗にもかかわらず、それを了承せずに国家貸付金の増加を要求し、かつ公債発行に頼ったのであった。したがって、インフレーションの根本的原因は政府の安易な赤字財政の持続に求められる。その意味においてインフレーションの主役は政府であり、フランス銀行は脇役を果たすことができるに過ぎない。この関係は変わることなしに妥当するのであり、決して中央銀行がインフレーションの主役を果たすことはできない。

　政府の財政が赤字になったとしてもすぐにインフレーションが起こるわけではない。ケインズは稼働してない生産設備があり、失業者がいる限り、赤字財政によって有効需要が増加しても物価が上昇しないと考えている。有効需要の増加に対応して生産が増加し、供給が増加するからであろう。しかし、完全雇用が達成したならば、その後の有効需要の増加は生産の増加によって供給を増加することができないので需給関係からいって物価が上昇する。その物価上昇がインフレーションである。生産量が不変のまま物価のみが上昇するのであるからインフレーションを名目的物価騰貴としてとらえ、インフレーションになる限界点を完全雇用とした。

　ケインズは実体経済の側からインフレーションをとらえているが、インフレーションが貨幣現象であるとすれば、貨幣あるいは資金の側から限界点を考えてみる必要がある。政府の赤字財政は収入を上回る支出がなされるのであるから、それが可能になるためには財源の調達が必要であり、それは公債発行によって調達される。金融市場において企業の資金需要を満

たし、なおかつ資金の余裕があり、政府の公債がこの余裕資金で調達されるのであれば、赤字財政であっても、インフレーションにはなりえない。企業が蓄積し個人が貯蓄して資金に転化されたものを政府が企業や個人に代わって使用するのでインフレーションにはならないのである。

　しかし、政府が赤字財政を続けると、やがて企業の資金調達と公債発行による資金調達とが競合するようになる。そのうちに資金が絶対的に不足状態になり、公債発行による資金調達が困難になる。民間の企業であれば、多額の債務を抱え資金繰りが苦しくなってくれば、破産に追い込まれるが、政府は権力的に破産を回避することができる。正常でない異常な状態で、すなわち公債の中央銀行引き受け、銀行で引き受けた公債を直ちに中央銀行で割り引く、ないしは買い取る条件で公債発行をするようになる。かかる状態が貨幣ないし資金面から見たインフレーションの限界点に相当する。もちろん、その限界点は国際的資金の移動によって変動することになる。

　異常な条件で財政資金を調達することによって、調達した資金が支出されて流通に入り、流通に必要な貨幣量を超えて価格標準が切り下げられ、物価の騰貴を引き起こすのがインフレーションであり、したがって、インフレーションは政府の政策の結果であり、名目的な物価騰貴である。

　インフレーションは単なる物価が騰貴するだけでなく、政府が国民に租税負担に加えてさらなる負担を課する政策である。物価の上昇は国民に平等に負担を負わせるから、インフレーションによって利益を得る人は別として経済的弱者に相対的に重い負担を課する政策である。

　つぎにデフレーションについて述べておこう。政府はフランス銀行と協定を結び、1921年からフランス銀行の国家貸付金を毎年20億フランずつ返済し、国家貸付金の額を20億フラン減少させることを約束した。この政策は返済を通じて流通貨幣量を収縮させ、フランの価値回復を図る政策、すなわちいわゆるデフレーション政策であった。1921年には20億フランの返済を行ったが、その後20億フランの返済ができなくなり、1922年には10億

フラン、1923年には8億フランにまで減少し、さらに1924年には12億フランになり、それも単なる帳簿上の振り替えに過ぎなくなってしまった。この政策は1922年には98億フラン、1923年には119億フラン、1924年には71億フランの財政赤字の下で行われた。したがって、一方では流通貨幣量を収縮させ、他方では流通貨幣量を増加させる政策であり、財政赤字の額のほうが大きいわけだから流通貨幣量の収縮とはなりえず、デフレーション政策とはいえないであろう。たとえ政府がフランス銀行へ返済した段階で銀行券が収縮したとしても、銀行券の減少は価格標準の切り上げとならず、需要の減少となってその後の赤字財政によって需要の増加となり、物価を引き上げることになりかねない。

　さらに、1933年から1935年にかけて財政再建のために予算支出の削減が講じられ、不況の影響もあって卸売物価の下落が続いてきた。それにもかかわらず、1935年7月に成立したラヴァル政権によってきびしいデフレーション政策が実施された。この場合には、フランスの輸出が減少し景気が悪いのは、フランスの物価が諸外国の物価に比較して相対的に高いからであり、この格差を是正するために緊縮財政によって支出を切り詰めたのであった。しかし、1935年8月から物価は上昇傾向をたどり、卸売物価指数は1935年7月の334から1936年1月には364にまで上昇し、消費者物価指数は同期間に74.0から76.1になった。この場合にも予算収支は104億フランの赤字であった。商品の価格は生産費によって決まってくるのであり、デフレーション政策によって流通貨幣量が減少し、商品の需要が減少し、一時的に商品価格が下落するとしても、商品の生産量の調整（減少）によって価格が落ち着く水準が決まってくる。不況で生産費ぎりぎりの価格で決められているとすれば、商品価格はそれほど下落しないのではなかろうか。商品の価格を引き下げるためには生産性の向上か賃金の切り下げが必要であり、デフレーションではあまり効果がない。

　要するに、デフレーション政策はインフレーション対策にならないし、

また商品価格の引き下げにもあまり有効ではない。

　最後に、かなり加筆訂正をしたところもあるけれども、本書の基礎になった論文を上げておこう。

　　第1章「第1次対戦後におけるインフレーションと通貨政策」小樽商科
　　　　大学、商学討究、第25巻第4号、昭和50年12月。
　　第2章「ポアンカレとフランの安定」金融経済、金融経済研究所、122
　　　　号、昭和45年6月。
　　第3章「大不況とフランス金本位制」北海学園大学、学園論集、第46号、
　　　　昭和58年12月。
　　第4章「金本位制放棄後のフラン―1936〜1939―」北海学園大学、学園
　　　　論集、第65号、平成2年3月。
　　第5章「クレディ・ナショナルの設立と初期の活動」北海学園大学、学
　　　　園論集、第70号、1991年11月。
　　第6章「フランスにおける為替安定資金と国債支持基金」北海学園大学、
　　　　学園論集、第91号、1997年4月。

付　表

付　表

付表 1　　工業生産　　　　　　　　（1913年＝100）

	1	2	3	4	5	6	7	8	9	10	11	12
1919	55	54	55	55	56	57	59	58	57	58	59	60
1920	62	61	59	59	56	59	59	61	63	66	67	67
1921	63	60	57	54	52	53	50	51	50	52	56	62
1922	65	68	74	73	77	78	78	81	82	86	88	88
1923	88	82	83	82	82	87	87	89	90	93	95	98
1924	104	105	106	104	106	106	108	111	114	116	112	113
1925	111	109	108	107	106	105	105	105	106	110	114	116
1926	118	119	122	125	126	129	129	130	130	131	131	128
1927	122	116	109	104	104	106	105	107	108	110	113	115
1928	117	119	122	124	127	129	130	130	129	131	132	134
1929	137	136	138	139	139	141	139	139	138	141	143	144
1930	144	144	144	144	144	143	141	139	137	136	136	134
1931	133	133	132	131	129	126	123	121	119	117	114	111

（1928年＝100）

	1	2	3	4	5	6	7	8	9	10	11	12
1931	102	102	101	100	97	94	92	92	91	89	87	84
1932	80	78	77	76	76	77	77	78	79	80	81	83
1933	84	86	87	88	89	91	90	89	88	87	87	87
1934	87	86	85	84	83	82	81	80	79	79	79	78
1935	78	78	77	76	78	79	80	80	81	82	82	83
1936	86	86	88	88	87	80	82	76	81	88	90	91
1937	92	93	94	92	89	89	85	76	86	90	92	92
1938	87	86	85	82	82	83	81	70	81	83	87	88
1939	90	92	95	95	98	100	98					

出所：A.Sauvy, op.cit., t.1, p.464. A.Sauvy, op.cit., t.2, p.528.

付表2　卸売物価　　　　　　　　　（1914年7月＝100）

	1	2	3	4	5	6	7	8	9	10	11	12
1919	355	348	343	339	332	336	356	355	367	390	414	432
1920	497	533	566	600	562	503	506	512	537	512	470	444
1921	415	385	367	354	337	332	337	338	351	338	339	333
1922	320	313	314	320	323	332	332	338	336	344	360	370
1923	395	431	433	423	415	417	415	420	433	429	452	468
1924	505	555	510	459	468	475	491	487	496	508	514	518
1925	525	526	524	523	531	554	569	569	567	584	618	646
1926	647	649	645	664	702	754	854	785	804	768	698	640
1927	635	645	655	650	642	636	636	631	613	600	607	617
1928	620	622	636	637	646	639	637	630	633	630	639	637
1929	644	652	653	640	636	623	626	609	610	602	598	588
1930	576	576	565	560	553	544	549	533	535	519	504	498
1931	494	492	492	494	480	477	466	455	437	423	417	413
1932	414	421	427	425	421	408	404	394	397	392	391	390
1933	390	390	385	384	382	396	397	394	386	384	383	389
1934	388	384	381	378	372	363	361	363	360	352	349	344
1935	349	349	344	346	353	344	334	343	345	350	353	357
1936	364	377	379	374	377	372	389	395	407	452	474	499
1937	513	517	537	533	529	538	580	591	618	611	590	601
1938	612	614	619	619	643	653	652	644	646	654	657	666
1939	676	677	681	682	693	685	677	672				

出所：A.Sauvy, op.cit., t.1, pp.497-8. A.Sauvy, op.cit., t.2, p.494.

付表3　小売物価＊　　　　　　　　　　（1914年＝100）

	1	2	3	4	5	6	7	8	9	10	11	12
1919	248	226	248	257	268	263	261	238	259	283	280	285
1920	290	297	339	358	378	369	373	373	407	420	426	424
1921	410	382	358	328	317	312	306	317	329	331	326	323
1922	319	307	294	304	317	307	292	289	291	290	297	305
1923	309	316	321	320	325	331	321	328	339	349	355	365
1924	376	384	392	380	378	370	360	366	374	383	396	404
1925	408	410	415	409	418	422	421	423	431	433	444	463
1926	480	495	497	503	522	544	574	587	590	624	628	599
1927	592	585	581	580	589	580	557	539	532	520	500	523
1928	530	522	524	532	546	557	547	540	544	566	585	596
1929	599	602	607	615	626	624	606	606	602	612	618	614
1930	609	598	591	586	590	593	601	621	633	639	646	646
1931	644	635	630	627	627	626	617	605	596	577	561	563
1932	564	561	558	555	559	554	547	535	532	523	533	526
1933	533	535	527	518	516	511	507	510	512	518	519	520
1934	521	515	503	495	496	495	489	487	487	477	472	466
1935	460	454	447	435	439	438	430	420	424	438	446	449
1936	454	454	452	451	459	461	461	477	494	515	534	550
1937	567	577	576	580	586	590	600	651	642	657	664	676
1938	691	692	690	691	698	698	690	695	708	727	739	734

＊1930年7月まで13品目、1930年8月から34品目。
出所：La France économique en 1938, R.É.P., 1939, p.325.

付表4　消費者物価　　　　　　　（1914年7月＝100）

	1	2	3	4	5	6	7	8	9	10	11	12
1919	238	237	238	242	244	252	525	252	253	277	283	289
1920	288	300	328	352	373	378	379	380	400	412	404	389
1921	384	367	347	320	310	302	298	305	315	317	313	312
1922	310	301	292	299	302	303	298	297	298	299	304	309
1923	315	321	322	322	328	332	332	334	340	347	352	364
1924	366	375	381	275	375	373	368	370	378	384	390	399
1925	398	400	402	402	405	410	412	413	419	424	436	451
1926	465	476	483	490	508	519	544	568	573	591	591	574
1927	575	556	554	555	560	558	546	543	541	532	530	538
1928	542	538	536	539	544	548	548	559	555	560	565	572
1929	573	574	574	578	584	583	582	585	584	587	588	587
1930	590	587	574	573	573	575	579	589	596	599	600	603
1931	600	599	597	594	592	576	570	558	551	547	544	541

　　　　　　　　　　　　　　　　　　　　　　　　　　　（1930年＝100）

	1	2	3	4	5	6	7	8	9	10	11	12
1931	101.0	100.8	100.4	100.0	99.6	98.9	97.9	96.0	94.6	93.2	92.3	92.0
1932	91.4	91.1	90.8	90.6	90.2	90.0	89.9	89.7	89.2	88.9	88.5	88.0
1933	87.6	86.8	85.5	84.8	84.1	83.9	84.0	84.2	85.0	85.7	85.7	85.5
1934	85.0	84.5	83.8	82.7	82.1	81.9	81.6	81.3	81.1	80.9	80.5	79.8
1935	79.0	78.1	77.5	76.6	75.9	75.0	74.4	74.0	74.6	75.0	75.5	75.9
1936	76,1	76.2	76.3	76.4	76.4	76.7	77.2	79.9	80.5	83.9	87.9	90.0
1937	92.5	93.9	95.0	95.6	96.3	97.3	99.1	101.4	104.0	105.6	107.2	108.4
1938	109.3	109.9	110.6	111.3	112.0	112.6	113.1	113.4	104.9	116.2	117.5	120.0
1939	120.1	120.2	120.1	120.0	120.0	120.4	120.9	121.4				

出所：A.Sauvy, op.cit., t.1, p.501. A.Sauvy, op.cit., t.2, p.500.

付表

付表5　予算収支　　　　　　　（100万フラン）

年度	議決予算				最終勘定		
	議決日	収入	支出	過不足	収入	支出	過不足
1919	1919. 4. 9	8,700	47,116	−38,416	13,282	39,970	−26,688
1920	1920. 7 .31	21,800	47,932	−26,132	22,505	39,644	−17,139
1921	1921. 4 .30	22,500	41,816	−19,316	23,570	32,845	−9,275
1922	1921.12.31	24,702	35,246	−10,544	35,426	45,187	−9,761
1923	1923. 6 .30	23,438	35,843	−12,405	26,487	38,293	−11,806
1924	前年度踏襲	—	—	—	35,389	42,510	−7,121
1925	1925. 7 .13	33,151	33,137	14	34,768	36,275	−1,507
1926	1926. 4 .29	37.493	37,338	155	43,064	41,976	1,088
1927	1927.12.18	46,896	43,318	3,578	46,086	45,869	217
1928	1928.12.11	47,773	47,722	51	48,177	44,248	3,929
1929-30	1928.12.13	45,431	45,366	65	64,268	59,334	4,934
1930-31	1930. 4 . 1	51,465	50,398	1,067	50,794	55,712	−4,918
1931-32	1931. 4 . 1	50,643	50,640	3	47,944	53,428	−5,484
1932	1932. 4 . 1	41,101	41,098	3	36,038	40,666	−4,628
1933	1934.12.23	45,646	50,487	−4,841	43,436	54,945	−11,509
1934	1934. 2 .28	48,281	50,163	−1,882	41,070	49,883	−8,813
1935	1934.12.23	46,992	47,817	−825	39,485	49,868	−10,383
1936	1935.12.31	40,450	46,572	−6,122	38,893	55,789	−16,896
1937	1937. 1 . 1	43,482	64,307	−20,825	44,451	68,164	−23,713
1938	1938. 1 . 2	54,776	68,969	−14,193	54,653	82,345	−27,692
1939	1938.12.31	66,388	94,600	−28,212			

出所：1919〜32年まではA.Sauvy, op.cit., t.1, pp.367-9. 1933〜39年まではA.Sauvy, op. cit., t.2, p.577. 1933〜39年の議決日はA.Sauvy, op.cit., t.2, のChronologieから抜粋。

付表6　銀行券発行高（月平均）　　　（100万フラン）

	1919	1920	1921	1922	1923	1924	1925
1	31,610	37,366	38,280	36,941	37,169	38,826	40,726
2	32,520	37,969	38,089	36,474	37,181	39,087	40,800
3	33,240	38,137	38,265	35,791	37,444	40,013	40,882
4	33,922	37,458	38,429	35,981	37,123	40,031	42,516
5	34,210	38,088	38,556	35,955	36,737	39,730	42,963
6	34,428	37,929	37,931	36,044	36,739	39,818	43,272
7	34,939	37,849	37,358	36,430	37,306	40,181	44,309
8	35,141	38,016	37,089	36,301	37,301	40,314	44,932
9	35,645	38,704	37,091	36,688	37,734	40,324	45,575
10	36,705	39,367	37,491	37,189	38,194	40,548	46,742
11	37,416	39,332	36,988	36,397	37,563	40,579	47,930
12	37,522	37,870	36,459	36,215	37,755	40,598	49,873

	1926	1927	1928	1929	1930	1931	1932
1	51,187	53,201	57,879	63,867	69,054	77,752	84,254
2	51,128	52,280	57,922	63,023	69,428	77,698	83,374
3	51,802	52,359	58,748	63,287	70,261	77,843	82,436
4	52,329	52,748	59,758	63,666	71,063	78,299	82,342
5	52,804	52,473	59,683	63,123	71,506	77,564	81,699
6	53,212	52.478	59,175	63,478	72,265	77,054	81,457
7	54,944	53,332	60,190	64,606	72,623	78,476	81,822
8	56,084	53,143	61,065	64,775	73,070	78,383	80,601
9	55,047	53,841	61,635	65,759	72,965	78,218	81,001
10	55,248	55,249	61,848	66,797	73,663	81,767	81,408
11	54,476	55,542	61,957	66,867	74,859	82,580	82,119
12	52,861	55,973	62,269	67,376	75,735	83,494	83,062

	1933	1934	1935	1936	1937	1938	1939
1	83,584	80,563	82,504	81,112	87,535	92,539	111,090
2	83,966	81,140	82,475	80,408	86,317	92,662	111,263
3	85,224	81,871	82,696	82,238	86,127	94,985	115,425
4	84,689	81,610	82,716	83,485	86,232	97,996	122,533
5	83,864	80,792	82,423	83,941	85,982	99,147	123,155
6	83,739	80,919	81,575	84,996	86,302	100,401	121,380
7	83,057	81,220	81,573	85,651	88,414	100,900	123,128

8	81,930	80,978	81,539	84,302	88,857	99,995	128,731
9	82,067	80,749	81,806	84,070	89,645	109,368	
10	81,563	80,185	82,821	85,923	90,763	113,177	
11	81,199	80,737	82,027	86,351	90.740	108,569	
12	81,278	81,790	81,024	87,460	91,716	109,145	

出所：1919～31年まではA.Sauvy, op.cit., t.1, p.525. 1932年からはR.É.P., La France économique en. 1933～39年4月までは、1933, p.720, 1934, p.585, 1935, p.679, 1936, p.692, 1937, p.630, 1938, p.580, 1939, p.1,025. 1939年5月からはJour. Off., のフランス銀行資産負債週刊報告書から平均を計算した。

著者略歴

林　昭男（はやし・あきお）
　1928年生まれ
　1953年　北海道大学（法経学部）卒業
　元北海学園大学（経済学部・教養部）教授

大戦間期のフランス・フラン

2018年3月15日　第1版第1刷　　定　価＝3200円＋税

著　者　林　昭　男　Ⓒ
発行人　相　良　景　行
発行所　㈲　時　潮　社

〒174-0063　東京都板橋区前野町4-62-15
電　話　03-5915-9046
ＦＡＸ　03-5970-4030
郵便振替　00190-7-741179　時潮社
ＵＲＬ　http://www.jichosha.jp
E-mail　kikaku@jichosha.jp

印刷・相良整版印刷　製本・仲佐製本

乱丁本・落丁本はお取り替えします。
ISBN978-4-7888-0723-5

時潮社の本

貨幣量の考察
林　昭男 著
Ａ５判・上製・228頁・定価3200円（税別）

商品と通貨。近代資本主義の成立以来、数々の論者がそれぞれの立場から商品論、通貨論を展開してきた。本書は代表的存在ともいえるマルクス、ケインズ、フリードマンらを検討し、現代通貨論の実相に迫り、通貨政策の根幹をえぐりだす。

中東欧体制移行諸国における金融システムの構築
―銀行民営化と外国銀行の役割を中心に―
高田　公 著
Ａ５判・上製・260頁・定価6000円（税別）

ペレストロイカからベルリンの壁崩壊、ソ連邦解体から中東欧社会主義諸国も資本主義体制へと体制を移行するに伴い、金融システムにどのような変化をもたらしたのか。民営化、外国銀行の参入、EU加盟、2008年金融危機にどう対応したのかを解く。

イギリス植民地貿易史
――自由貿易からナショナル・トラスト成立へ
四元忠博 著
Ａ５判・上製・360頁・定価3000円（税別）

イギリス経済史を俯瞰することはグローバル化世界の根幹を知ることでもある。人・モノ・カネの交流・交易――経済成長の行く先が「自然破壊」であった。そんななか自然豊かで広大な土地を不必要な開発行為から守る運動として始まったナショナル・トラスト、その成立課程をイギリス経済史のなかに位置づける。

物流新時代とグローバル化
吉岡秀輝 著
Ａ５判・並製・176頁・定価2800円（税別）

グローバル化著しい現代、その要でもある物流＝海運・空運の変遷を時代の変化のなかに投影し、規制緩和と、9.11以降大きな問題となった物流におけるセキュリティ対策の実際を、米国を例にみる。